사법통역사 및 외사경찰 준비생·중국어 고급자를 위한

중국어 사법통역 이론과 사례

– 형사사건을 중심으로 –

박지성 편저

박영사

머리말

　우리나라와 중국의 정치·외교관계에 따라 많고 적음이 있을 수 있겠지만, 두 나라가 교류를 지속하는 한 중국인의 우리나라에 대한 일시 방문 또는 장기 체류는 당연한 현상입니다. 그와 더불어 우리나라에서 범죄에 연루되는 중국인 또한 불가피하게 발생하고 있고, 이러한 사례는 앞으로 계속 증가할 것으로 추측됩니다. 이들은 재중동포가 아닌 이상 대부분 수사나 재판을 받는 과정에서 필연적으로 통역사를 필요로 합니다. 그러나 안타깝게도 우리나라에서 일정한 법적 지식을 갖추고 전문적으로 사법통역만을 수행하는 사람은 많지 않습니다.

　형사절차에서 잘못된 통역은 무죄를 유죄, 또는 경한 죄를 중한 죄로 처벌받게 할 수도 있습니다. 그만큼 형사절차에서의 정확한 통역은 국제회의, 무역뿐만 아니라 피의자신문에서부터 판결선고시까지 매우 중요합니다. 이를 위해서는 능통한 중국어 외에도 형사절차에 대한 정확한 이해를 바탕으로 해야 합니다.

　통역사는 직업적인 교육이나 훈련여부에 상관없이 통역에 매우 능통하여 결국은 사회적인 보편적 합의에 의해 일정 수준 이상의 통역 능력을 가진 사람들을 지칭합니다. 전문 통역사가 아닌 제가 중국어 사법통역에 대한 책을 쓸 자격이 있는 고민이 많았습니다. 법학을 전공한 현직 경찰관으로서 수사와 중국 유학경험이 있다는 것만으로는 통역 관련 서적을 출간할 능력이나 자격이 있는지 망설였습니다. 중국어를 이해할 수 있는 경찰관이라고 할 수는 있어도 베테랑 통역사는 절대 아니니까요. 그럼에도 불구하고 이 책을 쓰기로 결심한 것은 현재 사법기관에서 중국어로 통역하고 계신 통역사 분들, 또는 그런 통역을 준비하는 분들에게 작은 도움이 되었으면 하는 바람 때문입니다.

이 책은 총3편으로 구성되어 있습니다.

제1편은 형사사건 통역을 위한 기본적인 이론입니다. 우선 형사사건 통역이 왜 중요한지 언론에 보도된 잘못된 사례를 언급하고, 형사사건에 있어서 중국어통역의 현황과 미래에 대하여 살펴보았습니다. 그리고 중국어를 전공한 통역사와 한국어를 이해하는 중국인들에게 우리나라의 형사절차에 대한 전반적인 이해를 돕고자 이론적인 내용을 간략하게 소개하였습니다. 마지막으로 외사 또는 수사부서에 근무하는 경찰관들이 외국인범죄를 수사하는 경우, 일반적인 내국인 수사절차에 비하여 어떤 면에서 차이점이 있는지 살펴보았습니다.

제2편은 형사사건에 대한 통역사례를 현장감 있게 소개한 실무적인 내용입니다. 통역사례는 실제 경찰관이 취급한 사건과 대법원 사법정책연구원에서 발행한 모의재판 시나리오를 바탕으로 알기 쉽게 단순화하였고, 법률전문가가 아니더라도 쉽게 이해할 수 있도록 일부 내용을 각색하여 서술하였습니다. 우선 피의자신문에서 거의 공통으로 질문하는 신문사항과 주요 죄명별 통역사례를 소개하였습니다. 그리고 형사공판절차 전반에 걸친 통역사례를 한중 비교

구문으로 나타냈습니다.

　제3편은 부록으로 한중 형사용어 대조표, 사법통역사 출제예상문제, 주한 중국 공관 연락처, 각종 서식(피의자신문조서, 통역조서 말미, 체포구속 영사기관 통보서, 한중 영사협정에 따른 권리통지)을 첨부하였습니다.

　아무쪼록 이 책이 사법통역사나 외사경찰을 준비하고 계신 분, 한국 형사절차의 중국어 표현에 관심 있는 중국어 전공자, 그리고 우리나라에서 생활하고 있는 중국인들에게 조금이라도 도움이 되었으면 합니다.

　끝으로, 이 책을 출간하기까지 중국어 교정 및 발간 과정을 도와주신 중국서남정법대학 응용법학원 **陈大鹏** 박사후 연구원, 중국출신의 귀화경찰관 박연춘 경관님, 그리고 박영사 관계자분들께 진심으로 감사드립니다.

제1편

형사사건 중국어 통역을 위한 이론

I. 형사사건 통역의 중요성

2009년 키르기스스탄 국적의 A(남, 당시 24세)는 술집에서 만난 한국 여성 B를 집으로 유인해 성폭행하려다 상처를 입힌 혐의(강간치상)로 기소됐다. A는 경찰 조사에서 "B가 술집에서 다른 손님과 싸우다 손목을 다쳤고 치료를 위해 우리 집에 왔다가 성관계를 맺을 뻔했지만 거절 의사를 밝혀 그만뒀다."고 주장했다. 하지만 경찰은 A의 진술에서 "B의 속옷을 '잡아 뜯었다.'"는 대목에 주목했다. 사실 A는 러시아어로 "(실랑이 과정에서) B의 속옷이 떨어졌다."고 했지만, 통역요원이 같은 발음의 다른 뜻인 '잡아 뜯었다'로 오역을 한 것이었다. A는 힘든 법정투쟁을 벌여 결국 무죄판결을 받았다.[1]

국제화 시대에 따라 외국인과의 왕래와 교류가 확대되고 유학, 취업, 결혼 등으로 체류외국인이 늘어나면서 우리나라는 급속히 다문화사회에 접어들었다. 그와 함께 외국인의 국내 범죄도 지속적으로 증가하고 있다. 외국인이 우리나라에 기여하는 부분도 적지 않으나 살인, 강도, 강간 등 이들에 의한 범죄는 사회안전을 위협하는 또 다른 요소로 작용하고 있다. 외국인 범죄가 증가하면서 외국인 범죄자의 사법처리 건수가 꾸준히 늘어나고 있다. 경찰청에 따르면 2010년 19,445건이던 외국인 범죄는 2013년 24,984건으로 3년 동안 28.4%나 늘어나는 등 급증하고 있다. 또한 대법원에 따르면 1심 형사공판에 기소된 외국인 수는 2012년 3,243명에서 2014년 3,789명으로 늘어났다.[2]

---

[1] 서울신문, "무고한 외국인 성폭행범 만들 뻔한 '경찰 통역'", 2015. 2. 17. http://www.seoul.co.kr/news/newsView.php?id=20150217010010. 참고(2017. 8. 11. 검색).

[2] 대법원에서 집계하지 않는 임금체불 등 민사사건이나 이혼 등 가사소송까지 포함한다면 외국인이 법정에 서는 사례는 지속적으로 증가해온 것으로 추정된다.

외국인 범죄가 증가하면서 그와 관련된 통역 수요도 급증하고 있다. 해당 외국인의 경찰 및 검찰 수사나 재판과정에서 제대로 통역해 주는 인력이 절실히 요구되고 있다.[3] 그러나 수사통역이나 법정통역을 위한 체계적인 교육 프로그램이나 공인된 자격 검증과정이 미비해[4] 전문 인력은 절대적으로 부족한 실정이다. 게다가 통역요원의 신분이 민간인이고 일종의 '인력풀' 형식으로 운영되기 때문에 전문성이 떨어져 A의 사례처럼 오역으로 인한 피해가 발생할 가능성을 지니고 있다.

외국인 피의자에 대한 공정한 수사와 외국인 피해자의 인권 보호를 위해 통역요원은 언어 능력뿐만 아니라 법률 지식, 윤리 의식 등이 뒷받침되어야 하지만 현실은 그렇지 못하다. 2009년 경찰 통역을 시작한 중국 동포 김 모(41세, 여)씨는 "생활통역은 언어만 잘하면 가능하지만 사법통역은 법률 지식이 충분하지 않으면 정확한 전달이 어려워 억울한 사람이 나올 수 있다."며 "통역요원 선발 과정에서 한국어 전화 테스트를 5~10분 정도 받았는데 '언제 입국했나' 등 간단한 질문 10개 정도가 전부였다."고 밝혔다.[5] 또한 "매년 한 번

---

3) 그러나 외국인 피의자에 대한 수사과정에 참여하는 통역요원은 2011년 3,104명에서 2012년 2,966명, 2013년 2,787명, 2014년 2,594명으로 오히려 줄고 있다.

4) 2017년 한국자격교육협회가 주관한 제1회 사법통역사 자격시험은 비록 민간자격증이지만, 사법통역의 필요성은 반영했다는 점에서 의미 있는 발걸음이라고 생각한다.

5) 경찰통역요원은 매년 모집공고를 통하여 선발한다. 자격요건은 △한국어 이외 외국어에 대한 통·번역이 가능한 내국인, △한국어 이외 외국어를 모국어로 구사하고, 한국어 구사가 능통하여 통·번역이 가능한 외국인이다. 자격우대조건으로 △국내대학 및 대학원 해당어권 관련학과 재학·졸업자, △해당어권 국가에서 1년 이상 유학 또는 거주한 자, △해당어권 관련 교수, 교사, (학원)강사 등, △법무부, 법원, 검찰 등 타기관(단체) 통·번역 활동 유경험자, △특수·희귀·부족언어 등 통역 가능자이다. 이상의 자격요건을 갖춘 사람이 관련 증빙서류를 가까운 경찰서 외사계에 제출하면, 며칠 후 전화로 언어테스트를 받아 어학검증을 받은 후 경찰통역요원으로 등록되게 된다.

각 지방경찰청에서 간담회를 열어 수사절차와 법률 용어 등을 알려주지만 지극히 형식적"이라고 덧붙였다.

과거는 물론 현재까지 외국어통역은 주로 국제회의, 무역 등 분야에서 중요시되고, 그에 따른 수요의 증가로 관련 분야의 전문통역사는 지속적으로 양성되고 있다. 그러나 형사·민사사건에서 사법통역을 전담하는 통역사는 많지 않다. 특히 형사사건의 통역은 수사나 재판 또는 출입국 관련 업무를 통역하는 것으로 인신구속이나 형벌과 직접적으로 관련된다. 수사나 형사재판에 대한 일정한 지식이 없는 상태에서의 잘못된 통역은 한 사람의 신체 자유를 부당하게 제한할 수도 있어, 형사절차에 대한 신뢰도를 떨어뜨리고 그로 인하여 국가 이미지 실추까지 이어질 수 있다. 따라서 형사절차에 대한 일정한 지식을 가지고 있거나 전문적인 교육을 받은 통역사를 절대적으로 필요로 한다.

II. 형사사건 중국어통역의 현황과 미래

2016년 말 기준 국내 체류외국인은 2,049,441명으로 2015년 대비 8.5%(159,922명) 증가하였고, 최근 5년간 매년 9.2%의 증가율을 보이고 있다.

〔표 1〕 체류외국인 현황 (단위 : 명)

구분	2012년	2013년	2014년	2015년	2016년
체류 외국인	1,445,103	1,576,034	1,797,618	1,899,519	2,049,441

※ 출처 : 법무부, 『2016 출입국·외국인정책 통계연보』, 38면.

국적·지역별로는 중국이 1,016,607명(49.6%)으로 가장 많고,

베트남 149,384명(7.3%), 미국 140,222명(6.8%), 타이 100,860명(4.9%) 등의 순이다.

[표 2] 체류외국인 국적·지역별 현황　　　　　　　　　　　　(단위 : 명)

구분	계	중국6)	베트남	미국	타이	필리핀	우즈벡	일본	인도네시아	기타
체류외국인	2,049,441	1,016,607	149,384	140,222	100,860	56,980	54,490	51,297	47,606	431,995

※ 출처 : 법무부, 『2016 출입국·외국인정책 통계연보』, 46면.

위와 같이 국내 체류외국인의 유입이 늘어나면서 외국인 범죄도 함께 증가하고 있다.

[표 3] 2015년 외국인범죄 죄종별 검거현황　　　　　　　　　　(단위 : 명)

구분	계	살인	강도	성범죄	절도	폭력	지능범	교통	기타
피의자 수	38,355	87	139	618	2,458	10,162	5,465	9,882	9,544

※ 출처 : 경찰청, 『2016 경찰백서』, 344면.

[표 4] 2015년 외국인범죄 국적별 검거현황　　　　　　　　　　(단위 : 명)

구분	계	중국	미국	일본	우즈벡	필리핀	태국	베트남	몽골	기타
피의자 수	38,355	22,898	1,884	279	1,528	520	1,869	2,267	1,393	5,717

※ 출처 : 경찰청, 『2016 경찰백서』, 344면.

2015년에 검거된 외국인 피의자는 총 38,355명으로, 국적별로 보면 중국인 피의자가 59.7%(22,898명)로 가장 많았으며, 베트남(5.9%), 미국(4.9%), 태국(4.9%), 우즈벡(4%) 순이다.

이상의 표에서 알 수 있듯이, 국내 체류외국인은 해마다 증가하

---

6) 한국계 중국인을 포함한다.

고 있고 그 중에서도 중국인이 가장 많다. 그에 비례하여 검거된 외국인 피의자도 중국인이 가장 높은 비율을 차지하고 있다.[7] 또한 대법원 통계에 의하면, 제1심 형사공판사건으로 기소된 외국인은 모두 4,786명으로, 그 중 중국인이 3,568명(74.6%)으로 가장 많았고, 그 다음으로 미국인 198명(4.1%) 순으로 나타났다.[8] 더불어 국적은 중국이 아니지만 타이완, 싱가포르, 말레이시아 등 화교권 국가에서도 중국어를 사용한다는 것을 감안한다면 실제로 형사사건에서 중국어 통역 수요는 통계에서 나타난 수치보다 훨씬 많을 것으로 짐작할 수 있다. 향후 중국과의 인적·물적 교류의 지속적인 확대와 그에 따른 국내 체류 중국인의 증가로, 수사부터 재판까지 형사절차에서 중국어 통역 수요는 계속 증가할 것으로 추측된다.

III. 형사절차에 대한 이해

• 사례

> 대기업에 다니는 박대리는 늦은 밤 포장마차에서 직장 동료들과 술을 마시던 중, 옆 테이블의 손님들이 너무 시끄러워 조용히 해달라고 말하자 서로 시비가 되었다. 박대리는 주먹을 휘두르고 맥주병과 의자를 던져 상대방의 앞니 2개를 부러뜨리는 등 전치 6주의 상처를 입혔고, 신고를 받고 출동한 경찰에게 체포되었다. 박대리는 앞으로 어떻게 처리되며, 어떤 권리를 갖게 되는가?

---

7) 피의자로 입건되지 않거나 참고인 자격으로 경찰에서 조사를 받은 외국인을 포함한다면, 실제 경찰수사의 대상이 된 외국인 숫자는 훨씬 많을 것으로 추정된다.
8) 대법원, 『2016 사법연감』, 600면.

1. 체포

우선 박대리는 형사소송법 제211조 제1항9)에 의하여 상해죄의 현행범으로 체포된다. 체포란 죄를 범하였다고 의심할 만한 상당한 이유가 있는 피의자를 단기간 동안 수사관서 등에 인치하는 것을 말한다. 경찰은 박대리에게 미란다원칙을 고지하고, 이때부터 박대리는 피의자 신분이 된다. 만약 현장에서 체포되지 않고 며칠 후 피해자가 박대리를 고소할 경우, 박대리는 피고소인으로 피의자 신분이 된다. 쉽게 말해서 피의자는 '수사를 받고 있는 사람'이라고 할 수 있다.

여기에서 '미란다원칙'이란 형사소송법 제200조의5 규정에 의해 경찰이나 검찰이 피의자를 체포할 때 피의사실의 요지, 체포이유와 변호인을 선임할 수 있음을 말하고 변명할 기회를 주어야 한다는 원칙을 말한다.10) 그 시기는 원칙적으로 현행범 체포를 위한 실력행사에 들어가기 전에 미리 하여야 한다. 그러나 예외적으로 달아나는 피의자를 쫓아가 붙들거나, 폭력으로 대항하는 피의자를 실력으로 제압하는 경우와 같이 불가피한 때에는 붙들거나 제압하는 과정에서

---

9) 형사소송법 제211조(현행범인과 준현행범인)
　① 범죄의 실행 중이거나 실행의 즉후인 자를 현행범인이라 한다.
　② 다음 각 호의 1에 해당하는 자는 현행범인으로 간주한다.
　　1. 범인으로 호창되어 추적되고 있는 때
　　2. 장물이나 범죄에 사용되었다고 인정함에 충분한 흉기 기타의 물건을 소지하고 있는 때
　　3. 신체 또는 의복류에 현저한 증적이 있는 때
　　4. 누구임을 물음에 대하여 도망하려 하는 때
10) 간혹 영화나 드라마에서 경찰이 피의자를 체포하면서 "진술거부권(묵비권)을 행사할 수 있다."고 말하는 장면이 나오기도 한다. 그런데 정확하게 말하면 체포시점에서 진술거부권이 있다는 것은 고지할 필요는 없다. 그렇다면 언제 진술거부권을 고지해야 하는 것인가? 형사소송법 제244조의3 제1항에 의하면, 수사기관이 피의자를 신문하기 전에 진술거부권을 고지하도록 규정하고 있다. 즉 수사기관은 피의자를 체포할 때가 아닌 신문하기 전에 진술거부권을 행사할 수 있다고 알려줄 의무가 있는 것이다.

하거나 그것이 여의치 않으면 일단 붙들거나 제압한 후에 지체없이 고지하여야 한다.

체포는 원칙적으로 판사가 발부한 체포영장에 의하여야 한다. 체포영장은 정당한 이유없이 수사기관의 출석요구에 불응하거나, 불응할 우려가 있는 경우에 발부된다. 예컨대 경찰서로부터 조사를 받으러 출석하라는 연락을 받고서도 특별한 이유없이 계속 출석하지 않거나 연락을 받지 않는 경우가 해당한다. 체포영장 없이 수사기관이 피의자를 체포할 수 있는 경우로는 현행범체포와 긴급체포가 있다. 현행범체포는 범죄를 저지르고 있거나 막 범죄를 저지른 사람을 체포하는 것을 말한다. 긴급체포[11]는 중대한 범죄혐의가 있고, 판사로부터 체포영장을 발부받으려고 시간을 끌다가는 피의자를 놓칠 우려가 있을 정도로 긴급한 경우에 한하여 체포영장 없이 피의자를 체포하는 것이다.

2. 피의자신문

현행범으로 체포된 박대리는 피의자신문을 받게 된다. 일반적으로 피의자신문이란 수사기관이 수사에 필요한 경우에 피의자의 출석을 요구하여 피의자를 신문하고 그 진술을 듣는 절차를 말한다. 피의자신문은 임의수사이므로 피의자는 출석요구에 응해야 할 의무가

---

11) 형사소송법 제200조의3(긴급체포) ① 검사 또는 사법경찰관은 피의자가 사형·무기 또는 장기 3년 이상의 징역이나 금고에 해당하는 죄를 범하였다고 의심할 만한 상당한 이유가 있고, 다음 각 호의 어느 하나에 해당하는 사유가 있는 경우에 긴급을 요하여 지방법원판사의 체포영장을 받을 수 없는 때에는 그 사유를 알리고 영장없이 피의자를 체포할 수 있다. 이 경우 긴급을 요한다 함은 피의자를 우연히 발견한 경우 등과 같이 체포영장을 받을 시간적 여유가 없는 때를 말한다.
   1. 피의자가 증거를 인멸할 염려가 있는 때
   2. 피의자가 도망하거나 도망할 우려가 있는 때

없다. 따라서 출석을 거부할 수 있고 출석한 때에는 언제든지 퇴거할 수 있다. 그러나 체포된 피의자에 대하여는 당연히 출석요구를 할 필요가 없고, 피의자는 퇴거의 자유가 없다. 경찰은 피의자를 신문하기 전에 진술거부권, 변호인의 조력을 받을 권리 등을 고지하여야 한다. 만약 피의자가 변호인을 선임한 경우, 피의자신문에 변호인을 참여하도록 신청할 수 있다. 신문에 참여한 변호인은 신문 후 의견을 진술할 수 있고, 신문 중이라도 부당한 신문방법에 대하여 이의를 제기할 수도 있다.

피의자신문은 밤 12시를 넘길 수 없다. 자정부터 아침 6시까지의 심야조사는 원칙적으로 금지된다. 심야조사란 수사기관이 밤늦게까지 혹은 밤을 새워가며 피의자를 조사하는 것으로, 통상 자정을 넘기는 조사를 말한다. 심야조사는 피의자의 육체적 피로나 심리적 위축을 수반하여 피의자의 방어권을 침해할 수 있기 때문에 그 자체가 사실상의 가혹행위가 될 수 있다. 예외적으로 심야조사를 하는 경우에도 피의자로부터 '심야조사 동의 및 허가서'를 받아야 한다.

피의자신문조서는 수사기관이 피의자를 신문하여 그 진술을 기재한 조서를 말한다. 경찰은 피의자신문이 끝난 후에 피의자에게 피의자신문조서가 진술한 대로 기재되어 있는지, 사실과 다른 부분이 있는지를 묻는다. 만약 피의자가 증감 또는 변경의 청구 등 이의를 제기하거나 의견을 진술한 때에는 경찰은 조서에 그 내용을 추가로 기재한다. 피의자가 조서에 대하여 이의나 의견이 없다고 하면, 경찰은 피의자에게 그 취지를 자필로 기재하게 하고 조서에 간인한 후 기명날인 또는 서명하게 한다.

3. 피의자 석방

경찰은 피의자신문 후 박대리의 행위가 구속사유에 해당하지 않는다고 판단되면 즉시 석방하여야 한다. 구속사유는 형사소송법 제70조에 규정되어 있다. 즉 박대리가 범죄를 저질렀다고 의심할 만한 이유가 충분히 있어야 하고, 그와 함께 일정한 주거가 없거나, 증거를 인멸할 염려가 있거나, 도망 가능성이 있을 경우에 구속이 가능하다. 이외에도 범죄의 중대성이나 재범의 위험성, 피해자 또는 참고인에 대한 위해 우려 등을 추가적으로 고려하게 된다.

만약 박대리의 주거가 뚜렷하여 도망의 우려가 없고, 과거 전과도 없으며 피해자와 합의를 하는 등 구속의 필요성이 없다고 판단되면, 경찰은 박대리를 즉시 석방하여야 한다. 석방은 체포한 때부터 48시간 이내에 하여야 한다. 이후 박대리는 불구속상태에서 검찰에 송치된다. 실무적으로 주거가 일정하고 피해자와 합의를 하는 등 사안이 중하지 않으면 검사는 법원에 박대리를 벌금형에 처해 달라는 뜻의 '약식명령'을 청구한다. 법원은 공판절차를 거치지 않고 서면심리를 거쳐 박대리에게 벌금을 납부하라는 약식명령서를 송달한다.

4. 구속영장 신청과 청구

경찰은 박대리의 행위가 구속사유에 해당된다고 판단되면 검사에게 구속영장을 신청한다. 경찰은 구속영장 신청서류를 준비하여 검사에게 전달하고, 검사가 그 서류를 검토하여 구속영장 청구여부를 결정한다. 검사는 체포한 때부터 48시간 이내에 구속영장을 청구하여야 한다.[12] 검사가 경찰의 구속영장 신청서류를 검토할 시간이 필요하므로, 경찰은 통상적으로 체포한 시점부터 36시간 안에 검찰에 구속영장을 신청한다. 검사는 박대리의 행위가 구속요건에 해당

---

12) 따라서, 피의자가 체포된 후 48시간 이내 동안 아무런 연락이 없으면 검사가 피의자에 대한 구속영장을 청구하였을 가능성이 높다.

한다고 판단되면 법원에 구속영장을 청구한다. 만약 구속할 만한 사유가 부족하거나 경찰의 수사가 부족하여 충분한 시간적 여유를 두고 미진한 부분에 대한 수사가 필요하다고 판단되면, 검사는 구속영장을 청구하지 않고 기각할 수 있다. 즉 경찰이 구속영장을 신청하면 검사는 재량으로 구속영장신청을 받아들일지(청구), 받아들이지 않을지(기각)를 결정할 수 있다.

5. 구속영장실질심사(구속 전 피의자심문)

구속영장실질심사란 검사로부터 구속영장을 청구받은 판사가 구속영장을 발부하기 전에 그 요건이 적법한지, 구속의 필요성이 있는지 등을 판단하기 위하여 피의자를 직접 대면하여 심문하는 제도를 말한다. 줄여서 '실질심사' 또는 '영장실질심사'라고도 한다. 구속은 신체의 자유와 밀접한 관계가 있기 때문에 구속의 신중을 도모하여 구속영장 남발을 억제하기 위한 제도이다.

체포된 박대리에 대하여 구속영장을 청구받은 판사는 특별한 사정이 없는 한 구속영장이 청구된 날의 다음날까지 심문을 통하여 구속영장 발부여부를 결정하게 된다. 피의자가 심문기일에 출석을 거부하거나 질병 또는 기타 사유로 출석이 현저하게 곤란한 때에는 피의자의 출석없이 심문절차를 진행할 수 있다.

원칙적으로 피의자에 대한 심문절차는 공개하지 않는다. 다만 판사는 상당하다고 인정하는 경우에는 피의자의 친족, 피해자 등 이해관계인의 방청을 허가할 수 있다. 검사와 변호인은 심문기일에 출석하여 의견을 진술할 수 있다. 피의자는 판사의 심문 도중에도 변호인의 조력을 구할 수 있다. 이때 피의자와 변호인은 도망할 우려가 없고 피해변제를 위해 노력하고 있다거나, 초범이고 재범의 우려가 없다는 등 구속의 부당성을 적극적으로 호소할 수 있다.

6. 구속

판사는 박대리를 심문한 후 구속요건이 충족되었다고 인정할 때 구속영장을 발부한다. 경찰의 신청에 의해 검사가 구속영장을 청구한 경우에는 영장실질심사 후 판사의 영장발부결정까지 피의자는 경찰서 유치장에 구금된다. 반면 경찰의 신청없이 검사가 직접 수사하여 구속영장을 청구한 경우에는 판사의 영장발부결정까지 피의자는 구치소에 구금된다. 판사가 구속영장을 발부하면 경찰관(유치장) 또는 교도관(구치소)이 그 사실을 피의자에게 통지한다. 또한 구속사실을 변호인이나 피의자의 가족 등에게도 지체없이 통지한다.

법원에 의해 구속영장이 발부되었다고 하더라도 그 자체로 유죄의 확정 판단이 내려진 것은 아니다. 단지 구금된 상태에서 수사를 받는다는 의미이다. 구속된 피의자도 헌법상 보장된 무죄추정의 원칙을 적용받고, 재판의 진행경과에 따라서는 무죄판결을 받거나 실형이 아닌 징역형의 집행유예, 벌금형 등을 받아 구속상태에서 풀려날 수도 있다. 반대로 구속사유가 인정되지 않아 구속영장이 기각되었다고 하더라도 죄가 없음이 인정되거나 그 형사재판의 결과에서 실형이 선고되지 않는다고 보장할 수도 없다.

7. 경찰에서 검찰로 송치

만약 판사가 박대리에 대한 구속영장을 발부하게 되면 박대리는 경찰서 유치장에 수감되어 있다가 경찰의 수사가 마무리되면 구치소로 옮겨진다. 경찰이 피의자를 구속할 수 있는 기간은 최대 10일이다.[13] 이때 구속기간은 피의자를 체포 또는 구인한 날부터 기산

---

13) 형사소송법 제202조(사법경찰관의 구속기간) 사법경찰관이 피의자를 구속한 때

한다. 구속기간의 마지막 날이 공휴일 또는 토요일이라도 구속기간에 산입한다. 구속기간의 첫날은 시간은 계산하지 않고 1일로 산정한다. 예컨대 체포시간이 1월 1일 23시 59분이라고 할지라도 구속영장이 발부되면 1월 1일을 구속기간의 첫날로 계산한다.

경찰이 피의자를 구속한 경우 체포한 날로부터 10일 이내에 피의자와 관련 기록을 검찰로 송치한다. 피의자는 경찰서 유치장에서 구치소로 옮겨지고, 관련 기록은 경찰서에서 검찰청으로 넘어간다. 경찰에서 송치한 사건은 검찰청에서 사건번호를 따로 부여한다. 검찰청 사건과에서 사건을 배당하면 담당검사가 배정된다.

8. 공소제기

검사는 경찰로부터 구속된 박대리를 넘겨받으면 10일 이내에 공소를 제기하여야 한다.[14] 공소제기란 검사가 형사사건을 수사한 결과 피의자에게 범죄혐의가 있다고 판단하면 피의자를 처벌해달라고 법원에 재판을 청구하는 것으로, '기소'라고도 한다. 검사는 10일이내 공소제기를 위한 수사를 마무리 짓지 못할 경우, 판사의 허가를 받아 구속기간을 한 차례 더 연장할 수 있다.[15] 즉 피의자는 경찰수사에서 10일, 검찰수사에서 20일 등 수사단계에서 최장 30일까지 구속될 수 있다. 이 기간 이내 공소제기를 하지 않으면 검사는 피의자를 석방하여야 한다.

에는 10일 이내에 피의자를 검사에게 인치하지 아니하면 석방하여야 한다.

14) 형사소송법 제203조(검사의 구속기간) 검사가 피의자를 구속한 때 또는 사법경찰관으로부터 피의자의 인치를 받은 때에는 10일 이내에 공소를 제기하지 아니하면 석방하여야 한다.

15) 형사소송법 제205조(구속기간의 연장) ① 지방법원판사는 검사의 신청에 의하여 수사를 계속함에 상당한 이유가 있다고 인정한 때에는 10일을 초과하지 아니하는 한도에서 제203조의 구속기간의 연장을 1차에 한하여 허가할 수 있다.

9. 재판[16]

검사의 공소제기로 박대리의 신분은 피의자에서 피고인으로 변경되고, 박대리는 계속 구속된 상태에서 재판을 받게 된다. 재판이 확정되지 않은 상태에서 피고인의 구속기간은 제한되어 있다. 국민의 기본권인 신체의 자유를 부당하게 장기간 제한하고, 장기간 구금으로 인해 무죄추정의 원칙, 무기대등의 원칙이 훼손되는 것을 방지하기 위해서이다.

재판단계에서 피고인에 대한 구속기간은 원칙적으로 2개월이다.[17] 그러나 구속을 계속 필요할 경우에는 2차례에 한해 구속기간을 갱신할 수 있다.[18] 따라서 1심에서 최장 구속기간은 6개월이다. 이때 피고인의 구속기간은 공소제기 전에 피의자를 체포·구인·구금기간을 산입하지 않는다. 즉 피고인의 구속기간은 공소제기된 날로부터 기산한다.

1심에서 재판이 확정되지 않으면 2심(항소심), 3심(상고심)에서

---

16) 우리나라의 3급(지방법원-고등법원-대법원) 3심제와 달리 중국은 '4급 2심제'를 채택하고 있다. 중국 법원은 기층인민법원(基层人民法院, 지법지원 또는 시군법원에 상응), 중급인민법원(中級人民法院, 지방법원에 상응), 고급인민법원(高級人民法院, 고등법원에 상응), 최고인민법원(最高人民法院, 대법원에 상응)의 네 가지 등급으로 나뉘어져 있다. 중국은 1심 판결에 대해 단 한 번의 불복 기회가 있는 2심 종심제(兩審終審制)이다. 예컨대 기층인민법원이 1심 재판을 한 사건은 중급인민법원의 재판이 종심이 되고, 중급인민법원이 1심을 맡은 사건은 고급인민법원의 재판이 종심이 된다.

17) 형사소송법 제92조(구속기간과 갱신) ① 구속기간은 2개월로 한다.

18) 형사소송법 제92조(구속기간과 갱신) ② 제1항에도 불구하고 특히 구속을 계속할 필요가 있는 경우에는 심급마다 2개월 단위로 2차에 한하여 결정으로 갱신할 수 있다. 다만, 상소심은 피고인 또는 변호인이 신청한 증거의 조사, 상소이유를 보충하는 서면의 제출 등으로 추가 심리가 필요한 부득이한 경우에는 3차에 한하여 갱신할 수 있다.

구속기간은 연장될 수 있다.[19] 즉 상소심의 구속기간도 추가심리가 필요한 부득이한 경우에는 1회 더 갱신할 수 있다. 따라서 피고인의 구속기간은 제1심이 최장 6개월, 제2심과 제3심도 각각 최장 6개월 구속이 가능하게 되어 제1심에서 구속되었다면 최장 18개월까지 구속할 수 있다.[20]

IV. 외국인범죄 수사절차

경찰이 외국인에 대한 범죄를 수사할 경우 그 절차는 앞에서 설명한 수사절차와 큰 차이가 없다. 다만 신분확인, 영사통보, 불법체류 여부 등 추가적으로 파악해야 될 사항이 있다.

1. 신원확인

일반적으로 국내 체류 외국인은 장기와 단기의 두 가지로 분류된다. 장기체류 외국인은 90일을 초과하여 국내에 체류하며, 관할

---

19) 확정되지 않은 재판에 대하여 상급법원에서 불복을 신청하는 것을 상소라고 한다. 상소에는 항소와 상고가 있다. 항소는 제1심 종국판결에 대하여 제2심 법원에 불복신청하는 것을 말한다. 상고는 원칙적으로 항소심(제2심)의 판결에 대하여 대법원에 심사를 구하는 불복신청을 말한다.

여기에서 용어 사용에 주의할 점이 있다. 중국 형사소송법은 당사자(피고인, 법정대리인 등)가 제1심 판결에 대하여 불복신청하는 것을 상소(上诉), 인민검찰원이 제1심 판결에 대하여 불복신청하는 것을 항소(抗诉)라고 한다. 피고인과 인민검찰원의 불복신청에 관하여 각각 다른 용어를 사용하는 것이다.

20) 피고인의 최장구속기간 : 18개월
   1. 제1심 : 기본 2개월 + 1차 갱신(2개월) + 2차 갱신(2개월) = 최장 6개월
   2. 제2심 : 1차 갱신(2개월) + 2차 갱신(2개월) + 3차 갱신(2개월) = 최장 6개월
   3. 제3심 : 1차 갱신(2개월) + 2차 갱신(2개월) + 3차 갱신(2개월) = 최장 6개월

출입국관리사무소에 외국인으로 등록하여 외국인 등록번호를 부여
받는다. 취업비자를 받은 근로자, 재외동포, 대학교 유학생 등이 여
기에 해당된다. 단기체류 외국인은 90일 이하 국내에 체류하며, 입
국심사 외에 별도 등록절차를 거치지 않는다. 관광객, 국제행사 참석
자 등 단기방문객이 여기에 해당된다.

경찰은 112신고 출동 및 검문검색 등 외국인 사건을 처리하는
경우 형사사법정보시스템(KICS, Korea Information System of
Criminal Justice Services)[21] 또는 '폴리폰'[22] 등을 이용하여 외국인
체류정보 검색을 통해 외국인의 신원을 확인한다. 특히 외국인이 연
루된 사건현장에 출동한 경찰관은 '폴리폰'을 이용하여 외국인 신원
조회를 함으로써, 경찰서 또는 지구대·파출소까지 데려갈 필요 없
이 실시간으로 외국인 체류정보와 지명수배 여부를 확인할 수 있다.

2. 피의자신문

경찰은 외국인 피의자를 신문하기 위하여 통역요원을 참여시켜
한국어로 피의자신문조서를 작성한다. KICS를 통하여 통역이 가능
한 언어권·연락처 등을 조회하여 통역요원을 확보한다. 신문에 앞
서 통역요원에 대해 통역의 공정성·정확성 등에 대해 사전교양하고
통역인 각서를 작성 후 수사기록에 편철한다. 또한 신문이 완료된

---

21) 형사사법정보시스템(KICS)은 법원, 법무부, 검찰, 경찰 등 4개 형사사법기관이
   표준화된 정보시스템에서 수사, 기소, 재판, 집행업무를 수행하고 그 결과 생성
   된 정보와 문서를 공동으로 활용하는 전자적 업무관리 체계이다. 형사사법절차
   전자화 촉진법, 약식절차에서의 전자문서 이용 등에 관한 법률에 의거해 2010
   년 7월 구축되었다.
22) 경찰관이 현장에서 수배조회 등에 사용하는 경찰업무용 스마트폰으로 외국인을
   검색하면 사진·성명·생년월일·국적·여권번호·체류자격·체류기간 만료일 등
   각종 신원정보가 신속하게 나타난다.

후에는 조서 말미에 통역인의 기명날인 또는 서명을 받는다.

경찰은 외국인 피의자를 조사하기 전에 여권 등 신분증 및 외국인 체류정보 조회를 통해 인적사항, 체류자격·기간, 수배여부 등을 정확히 확인해야 한다. 특히 주한미군지위협정(SOFA)[23] 대상자, 주한 외국공관원 등 특권·면제 적용 대상자인지 여부를 확인하고, 대상자 신분·지위를 고려하여 조사를 진행해야 한다. 그 외 언어·풍습·문화·종교 등 우리나라와 다른 점을 고려하되, 성별·국적·인종·종교 등을 이유로 불이익이 발생하지 않도록 주의하고, 불필요한 오해나 인권 침해 사례가 없도록 유의해야 한다.

외국인 피의자를 조사할 경우, 경찰관은 다음 사항에 유의하여 피의자신문조서를 작성하여야 한다(범죄수사규칙 제243조).

① 국적, 출생지와 본국에 있어서의 주거
② 여권 또는 외국인등록 증명서 그 밖의 신분을 증명할 수 있는 증서의 유무
③ 외국에 있어서의 전과의 유무
④ 대한민국에 입국한 시기, 체류기간, 체류자격과 목적
⑤ 국내 입·출국 경력
⑥ 가족의 유무와 그 주거

3. 영사통보

사건담당 경찰관은 외국인을 체포·구속하는 경우, 외국인 피의

---

23) 정식명칭은 '대한민국과 아메리카합중국간의 상호방위조약 제4조에 의한 시설과 구역 및 대한민국에서의 합중국군대의 지위에 관한 협정'이다. 한국 측은 미국의 안전이나 재산에 관한 범죄, 미국의 군대 구성원 군속 및 그들의 가족의 신체나 재산에 관한 범죄, 공무상의 범죄를 제외한 모든 범죄에 대해서 제1차적 재판 관할권을 가지고 있다. 주한미군에 대한 수사는 한국 경찰과 검찰, 미국 대표단의 협의 하에 진행된다.

자에게 자국 영사관 통보 및 영사 접견교통권 등 조력을 받을 수 있는 권리가 있음을 고지해야 한다. '영사기관 통보요청 확인서'를 열람시키고 통보를 원하는 경우 지체없이 '영사기관 체포·구속 통보서'를 작성·출력하여 해당국 영사기관에 지체없이 팩스로 통보해야 한다. 그러나 피의자가 중국인 또는 러시아인의 경우, 수사기관은 해당 국가와의 영사협정에 의해서 본인 의사에 관계없이 반드시 해당국 영사기관에 체포·구속 사실을 통보해야 한다.[24]

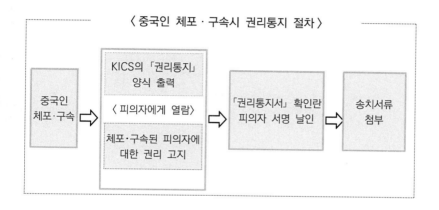

〈 중국인 체포·구속시 권리통지 절차 〉

---

24) 영사협정에 의해 피의자가 중국인의 경우 4일 이내, 러시아인의 경우 지체없이 체포·구속사실을 영사기관에 통보해야 한다. 한중영사협정은 2014. 7. 3. 체결 (2015. 4. 12. 발효)되었으며 △상대 국민 체포·구금시 본인이 요청하지 않더라도 4일 이내 영사기관에 통보, △영사접견 신청 4일 이내 접견 보장, △상대국민 사형 선고·집행·변경시 즉시 통보 등을 주요 내용으로 한다.

제2편

형사사건 중국어 통역사례

I. 피의자신문 통역사례

1. 피의자신문조서의 의의

형사소송법 제244조 제1항은 "피의자의 진술은 조서에 기재하여야 한다."라고 규정하고 있다. 피의자신문조서는 실체적 진실을 발견하는 중요한 증거이다. 피의자신문조서의 증거능력 인정요건은 작성 주체에 따라 일부 차이가 있으나,[1] 공판단계에서의 증거자료뿐만 아니라 수사과정에서 강제수사의 중요한 증거가 된다. 특히 구속영장실질심사에서 판사는 피의자신문조서와 구속영장청구서를 중심으로 영장발부여부를 심사하기 때문에, 피의자신문조서는 구속여부를 결정하는 중요한 기능을 한다. 따라서 수사기관은 피의자를 신문할 때 범죄구성요건에 맞게 질문을 해야 하고, 피의자가 자신의 뜻대로 자유롭게 말할 수 있도록 진술의 임의성도 확보해야 한다.

---

1) 검사 작성의 피의자신문조서와 경찰 작성의 피의자신문조서는 각각 증거능력을 인정하는 조건에 차이가 있다. 검사가 작성한 피의자신문조서는 적법한 절차와 방식에 따라 작성된 것으로서 피고인이 진술한 내용과 동일하게 기재되어 있음이 공판준비 또는 공판기일에서의 피고인의 진술에 의하여 인정되고, 그 조서에 기재된 진술이 특히 신빙할 수 있는 상태 하에서 행하여졌음이 증명되면 증거로 할 수 있다(형사소송법 제312조 제1항).
반면 경찰이 작성한 피의자신문조서는 적법한 절차와 방식에 따라 작성된 것으로 공판준비 또는 공판기일에 그 피의자였던 피고인 또는 변호인이 그 내용을 인정할 때에 한하여 증거로 할 수 있다(형사소송법 제312조 제3항). 여기서 내용의 인정이란 조서의 기재내용이 객관적 진실에 부합함을 인정하는 진술을 말한다.
즉 검사가 작성한 피의자신문조서는 경찰이 작성한 피의자신문조서에 비해 우월한 증거능력이 인정된다. 경찰이 작성한 조서는 그 내용을 법정에서 피고인이 부인해버리면, 그 피고인에 대한 피의자신문조서는 유죄의 증거가 되지 않는다. 반면 검사가 작성한 조서는 그 내용을 법정에서 부인해도 그대로 유죄의 증거가 될 수 있다. 즉 검사가 작성한 피의자신문조서에 기재된 내용은 기소 후 유·무죄의 판단에 결정적인 역할을 한다고 할 수 있다.

2. 피의자신문조서 작성순서

가. 인정신문

인정신문이란 피의자신문사항에 앞서 피의자의 성명, 연령, 등록기준지, 주거와 직업 등을 물어 피의자 본인임을 확인하는 절차이다. 형사소송법 제241조(피의자신문)는 "검사 및 사법경찰관이 피의자를 신문함에는 먼저 그 성명, 연령, 등록기준지, 주거와 직업을 물어 피의자임에 틀림없음을 확인하여야 한다."고 규정하고 있다. 수사기관은 인정신문을 통해 다른 사람이 출석하여 피의자신문을 방해하고 범인을 은닉하는 것을 방지할 수 있다. 피의자신문조서의 첫 페이지가 이 부분에 해당한다.

나. 피의자의 권리 고지

인정신문 후에는 피의자의 권리를 고지한다. 진술거부권[2]과 변호인의 조력을 받을 권리가 여기에 해당한다. 형사소송법 제244조의3(진술거부권 등의 고지) 제2항은 "검사 또는 사법경찰관은 제1항에 따라 알려 준 때에는 피의자가 진술을 거부할 권리와 변호인의 조력

---

2) 대법원은 피의자가 아닌 피조사자라도 입건 가능성이 있거나 피의사실과 관련성이 있는 경우에는 진술거부권을 고지해야 한다고 판시했다. "피의자의 진술을 기재한 서류 또는 문서가 수사기관에서의 조사 과정에서 작성된 것이라면, 그것이 '진술조서, 진술서, 자술서'라는 형식을 취하였다고 하더라도 피의자신문조서와 달리 볼 수 없고, 수사기관에 의한 진술거부권 고지의 대상이 되는 피의자의 지위는 수사기관이 범죄인지서를 작성하는 등의 형식적인 사건수리 절차를 거치기 전이라도 조사대상자에 대하여 범죄의 혐의가 있다고 보아 실질적으로 수사를 개시하는 행위를 한 때에 인정된다. 특히 조사대상자의 진술 내용이 단순히 제3자의 범죄에 관한 경우가 아니라 자신과 제3자에게 공동으로 관련된 범죄에 관한 것이거나 제3자의 피의사실 뿐만 아니라 자신의 피의사실에 관한 것이기도 하여 실질이 피의자신문조서의 성격을 가지는 경우에 수사기관은 진술을 듣기 전에 미리 진술거부권을 고지하여야 한다."(대법원 2015. 10. 29. 선고 2014도5939 판결).

을 받을 권리를 행사할 것인지의 여부를 질문하고, 이에 대한 피의자의 답변을 조서에 기재하여야 한다. 이 경우 피의자의 답변은 피의자로 하여금 자필로 기재하게 하거나 검사 또는 사법경찰관이 피의자의 답변을 기재한 부분에 기명날인 또는 서명하게 하여야 한다."라고 규정하고 있다. 실무적으로 피의자의 자필로 기재한 뒤 피의자의 무인을 날인하고 있다.

다. 정상관계에 대한 신문

형사소송법 제242조(피의자신문사항)는 "검사 또는 사법경찰관은 피의자에 대하여 범죄사실과 정상에 관한 필요사항을 신문하여야 하며 그 이익되는 사실을 진술할 기회를 주어야 한다."라고 규정하고 있다. 피의자신문과정에서 신문을 시작하자마자 물어보는 가족관계, 병역관계, 학력, 건강, 종교 등에 대한 내용이 바로 정상관계에 해당한다. 형사소송법은 피의자의 정상관계에 대하여 세부사항을 규정하고 있지 않지만, 범죄수사규칙 제68조에서는 '피의자에 대한 조사사항'으로 그 세목을 규정하고 있다.3)

---

3) 범죄수사규칙 제68조(피의자에 대한 조사사항) 경찰관은 피의자를 신문하는 경우에는 다음 각 호의 사항에 유의하여 별지 제26호 서식에서 제32호 서식까지의 피의자신문조서를 작성하여야 한다.
  1. 성명, 연령, 생년월일, 주민등록번호, 등록기준지, 주거, 직업, 출생지, 피의자가 법인 또는 단체인 경우에는 명칭, 상호, 소재지, 대표자의 성명 및 주거, 설립목적, 기구
  2. 구(舊)성명, 개명, 이명, 위명, 통칭 또는 별명
  3. 전과의 유무(만약 있다면 그 죄명, 형명, 형기, 벌금 또는 과료의 금액, 형의 집행유예 선고의 유무, 범죄사실의 개요, 재판한 법원의 명칭과 연월일, 출소한 연월일 및 교도소명)
  4. 형의 집행정지, 가석방, 사면에 의한 형의 감면이나 형의 소멸의 유무
  5. 기소유예 또는 선고유예 등 처분을 받은 사실의 유무(만약 있다면 범죄사실의 개요, 처분한 검찰청 또는 법원의 명칭과 처분연월일)
  6. 소년보호 처분을 받은 사실의 유무(만약 있다면 그 처분의 내용, 처분을 한 법원명과 처분연월일)
  7. 현재 다른 경찰관서 그 밖의 수사기관에서 수사 중인 사건의 유무(만약 있

피의자의 정상관계에 대한 신문에는 제한이 없다. 위 제68조에 규정된 항목들도 조사과정에서 선택적으로 질문하면 되며 반드시 모두 질문해야 하는 것은 아니다. 사건과 밀접하게 관련된 질문들은 풍부하게 질문할 수 있고, 설령 위 규칙에 열거되어 있지 않더라도 사건의 성격이나 중요도에 따라 상세하게 신문해야 할 정상관계가 있다. 예컨대 경제사범의 경우에는 재산관계를, 구속 수사가 필요하다고 판단되는 경우에는 주거관계나 건강상태 등을 상세하게 신문할 수 있다. 인터넷 관련 사건에 있어서 이메일 또는 SNS계정과 닉네임 등에 대하여도 신문할 수 있다.

라. 범죄사실에 대한 신문

범죄사실은 구성요건4) 해당여부를 육하원칙에 따라 구체적으로

다면 그 죄명, 범죄사실의 개요와 당해 수사기관의 명칭)
8. 현재 재판 진행 중인 사건의 유무(만약 있다면 그 죄명, 범죄사실의 개요, 기소 연월일과 당해 법원의 명칭)
9. 병역관계
10. 훈장, 기장, 포장, 연금의 유무
11. 자수 또는 자복하였을 때에는 그 동기와 경위
12. 피의자의 환경, 교육, 경력, 가족상황, 재산과 생활정도, 종교관계
13. 범죄의 동기와 원인, 목적, 성질, 일시장소, 방법, 범인의 상황, 결과, 범행 후의 행동
14. 피해자를 범죄대상으로 선정하게 된 동기
15. 피의자와 피해자의 친족관계 등으로 인한 죄의 성부, 형의 경중이 있는 사건에 대하여는 그 사항
16. 범인은닉죄, 증거인멸죄와 장물에 관한 죄의 피의자에 대하여는 본범과 친족 또는 동거 가족관계의 유무
17. 미성년자나 피성년후견인 또는 피한정후견인인 때에는 그 친권자 또는 후견인의 유무(만약 있다면 그 성명과 주거)
18. 피의자의 처벌로 인하여 그 가정에 미치는 영향
19. 피의자의 이익이 될 만 한 사항
20. 전 각호의 사항을 증명할 만한 자료
21. 피의자가 외국인인 경우에는 제243조 각 호의 사항
4) 범죄가 성립하려면 구성요건해당성, 위법성, 책임성의 3가지 요건을 필요로 한다. 이 중 구성요건이란 형법상 금지 또는 요구되는 행위가 무엇인가를 추상적·

신문한다. '구체적'이라는 것은 최대한의 구체성을 말하는 것으로, 피의자가 구체적인 사실이 기억나지 않는다고 하여 적당히 신문하고 넘어가지는 않는다. 또한 단순히 구성요건해당성 여부만 확인하지는 않고, 위법성조각사유5)나 책임조각사유6)가 있는지 여부에 대하여도 적극적으로 확인한다.

마. 마무리

피의자신문조서를 작성한 후 수사기관은 피의자에게 신문조서를 충분히 읽어볼 수 있도록 열람시간을 보장해야 한다. 피의자가 자신의 진술과 다르게 기재되었다고 이의를 제기할 때에는 피의자가 자신의 답변 내용을 수정할 수 있도록 기회를 제공해야 한다. 피의

일반적으로 기술해 놓은 것을 말한다. 예컨대 살인죄의 구성요건은 '사람을 살해하는 것'이고, 절도죄의 구성요건은 '타인의 재물을 절취하는 것'이다. 구성요건은 위법행위의 유형이기 때문에 구성요건에 해당하는 행위는 특수한 위법조각사유에 저촉되지 않는 한, 형법상 위법으로 판단된다.

5) 어떤 행위가 범죄의 구성요건에 해당하지만 위법성을 배제함으로써 적법하게 되는 사유를 말한다. 위법성은 범죄성립요건의 하나이므로 위법성이 없으면 범죄는 성립하지 않는다. 그런데 형법은 위법성에 관하여 적극적으로 규정하지 않고 소극적으로 위법성이 조각되는 사유만을 규정하고 있다. 따라서 형법의 각칙 규정 중에 형벌을 규정한 조문에 해당하는 행위는 일단 위법한 것(형식적 위법)으로 판단된다. 그러나 그 행위가 실질적 또는 사회적으로 상당한 것으로 인정될 경우에는 그러한 위법성을 조각하게 된다. 형법은 정당행위(제20조), 정당방위(제21조), 긴급피난(제22조), 자구행위(제23조), 피해자의 승낙에 의한 행위(제24조) 등을 위법성조각사유로 규정하고 있다.

6) 면책사유라고도 한다. 형법에 있어서 책임이란 합법적으로 행동할 수 있었음에도 불구하고 위법하게 행위한 것에 대한 비난 가능성을 뜻한다. 행위가 아무리 중대한 결과를 가져왔더라도 행위자에게 비난 가능성이 없으면 처벌하지 않는 것이다. 책임조각사유란 비난 가능성의 여지는 있지만 특별한 기대불가능성을 이유로 그 책임비난을 조각하는 경우이다. 기대불가능성이란 행위 당시의 상황이 비정상적이기 때문에 행위자가 적법행위를 할 것을 기대할 수 없는 경우를 말한다. 형법은 저항할 수 없는 폭력 등으로 인해 강요된 행위(제12조), 과잉방위(제21조 제2항~제3항), 과잉피난(제22조 제3항), 과잉자구행위(제23조), 친족 간의 증거인멸·은닉·위조 또는 변조(제155조 제4항) 등을 책임조각사유로 규정하고 있다.

자가 수정할 내용이 많을 경우 별도의 백지나 진술서를 제공하여 정정할 진술을 충분히 자필로 기재할 수 있도록 해야 한다. 만약 피의자에게 신문조서 수정 기회를 충분히 제공하지 않을 경우, 법정에서 피의자신문조서의 증거능력뿐만 아니라 수사절차의 적법성이 모두 훼손될 수 있다. 피의자신문과 조서 열람을 모두 마치면 수사과정 확인서에 수사단계별 시각을 정확하게 기재하고, 수사과정상 참고할 사항과 피의자의 의견진술을 기재하도록 한다.

3. 죄명별 통역사례

가. 공통사항

죄명과 사건유형에 따라 피의자에 대한 신문사항은 천차만별이지만, 피의자의 인적사항이나 진술거부권 및 변호인 선임권 고지 등 공통적으로 신문해야 할 사항은 다음과 같다.

```
진술거부권 및 변호인 조력권 고지 등 확인
```

한국어	中文
귀하는 일체의 진술을 하지 아니하거나 개개의 질문에 대하여 진술을 하지 아니할 수 있습니다.	你可以拒绝一切陈述，或对各个提问拒不回答。
귀하가 진술을 하지 아니하더라도 불이익을 받지 아니합니다.	你拒不回答不会因此而受到不利影响。 (你保持沉默也不会受到任何损失)
귀하가 진술을 거부할 권리를 포기하고 행한 진술은 법정에서 유죄의 증거로 사용될 수 있습니다.	如果你放弃沉默权的话，那么从现在开始你所陈述的内容都可以在法庭上作为证据使用。

귀하가 신문을 받을 때에는 변호인을 참여하게 하는 등 변호인의 조력을 받을 수 있습니다.	你在接受讯问的时候，可以要求辩护人参与并可以获得辩护人的帮助。 (你有权聘请律师为你辩护)
피의자는 위와 같은 권리들이 있음을 고지받았는가요?	你听到上述权利了吗？
피의자는 진술거부권을 행사할 것인가요?	你要行使沉默权吗？ (你要保持沉默吗？)
피의자는 변호인의 조력을 받을 권리를 행사할 것인가요?	你要行使获得辩护人帮助的权利吗？(你要聘请律师为你辩护吗？)

인정신문

한국어	中文
이름이 무엇인가요?	你叫什么名字？
생년월일은 어떻게 되나요?	你的出生年月日是多少？
국적은 어디인가요?	你是哪个国家的？(国籍是什么？)
외국인 등록번호는 어떻게 되나요?	外国人登录证号码是多少？
여권을 가지고 있나요? 여권을 보여주세요.	你有护照吗？请出示一下。
한국어를 듣고, 말하고, 읽을 수 있나요?	你会听、说、读韩语吗？
중국에서의 주거지는 어디인가요?	你在中国住址是哪里？
중국에서의 등록 기준지는 어디인가요?	你的中国户口在哪里登记的？
중국에서의 직업은 무엇인가요?	你在中国的职业是什么？
직장은 어디인가요?	公司地址是哪里？
연락처는 어떻게 되나요?	你的联系电话是多少？
체류자격이 있나요?	你有居留资格吗？(你有签证吗？)
어떤 비자로 한국에 체류하고 있나요?	你用哪种签证在韩国居留？
외국인 등록절차를 밟았나요?	你是否办理了外国人登记手续？
언제 한국에 왔나요?	你是什么时候来韩国的？

한국에 온 목적은 무엇인가요?	你来韩国的目的是什么?
가족관계는 어떻게 되나요?	你都有哪些家人? (你的家属关系怎样?)
한국에 친척이 있나요?	在韩国是否有你的亲戚?
최종학력은 어떻게 되나요?	你的文化程度是什么? (你的最终学历是什么?)
종교는 무엇인가요?	你有宗教信仰吗?
재산현황과 월수입은 어떻게 되나요?	你的财产情况和月收入是多少?
현재 건강상태는 어떤가요?	目前你的健康状态怎样?
현재 조사를 받고 있는 이유를 알고 있나요?	你知道现在为什么接受讯问吗?
과거 형사처벌을 받거나 수사기관에서 수사를 받은 사실이 있나요?	你过去是否受过刑事处罚或者在侦查机关接受过调查吗?

나. 주요 죄명별 통역사례

1) 살인미수

<사건개요>

▶ 피의자(여)는 자신과 교제하던 피해자(남)가 헤어진 후 다른 여자와 사귀는 것에 앙심을 품고, 피해자가 배달해 마시는 우유에 농약을 타서 살인을 시도한 사안이다.

	한국어		中文
문	피의자가 강○○인가요?	问	你就是嫌疑人姜某某吗?
답	예, 그렇습니다.	答	是的。
문	피의자의 가족관계는 어떻게 되나요?	问	你都有哪些家人?
답	1997년경에 혼인하여 딸 1명에 아들 1명이 있습니다. 5년 전에 전남편과 이혼하였고 자녀들은	答	我1997年结婚, 有一个女儿和一个儿子。5年前与前夫离婚, 孩子们从小由奶奶来抚养。

	어릴 때부터 친할머니가 키우고 있습니다.		
문	현재 주거지에서 함께 거주하고 있는 사람이 있나요?	问	目前的住址里你跟谁住在一起呢?
답	혼자 살고 있습니다.	答	我一个人住。
문	현재 주거지는 어떤 형태인가요?	问	现在的住处是你所有的吗?
답	보증금 1,000만원에 월세 20만원 다세대주택입니다.	答	不是, 是租的房子。 押金1000万韩元, 月租20万韩元的单元楼。
문	특별한 사회경력이 있나요?	问	你有没有特别的社会经历?
답	전 남편과 살 때 가정주부였고, 이혼하고 식당종업원, 옷가게, 반찬가게에서 일을 하였습니다.	答	与前夫过的时候是家庭主妇, 离婚后在餐厅、服装店、副食商店打工。
문	현재 생계는 어떻게 유지하나요?	问	现在怎么维持生计?
답	식당에서 일하면서 몸이 안 좋아져서 지금은 일을 하지 않고 있습니다. 돈도 없고 아무것도 없습니다.	答	在饭店打工以后, 身体越来越不好了, 现在什么活都不能干了。目前没有工作, 又没有钱, 什么都没有。
문	현재 앓고 있는 질병이나 질환, 복용하고 있는 약이 있나요?	问	你现在患有什么疾病或者服用什么药物吗?
답	허리디스크로 진료를 받고 약을 타 먹다가 돈이 떨어져서 한 달 전부터는 아파도 가지 않고 있습니다.	答	我患有腰椎间盘突出症, 在医院接受治疗并且开药吃了一段时间, 但是我手里没钱了, 从一个月前开始, 不舒服也不去医院了。
문	피의자는 오늘 조사받는 이유를 알고 있나요?	问	你知道今天接受调查的理由吗?
답	알고 있습니다. 한○○ 집 현관 앞에 있던 우유에 농약을 탔기 때문입니다.	答	知道。因为我在韩某某家门口的牛奶里面加了农药。

문	피의자는 2016. 3. 16. 16:00경 부산 동구 수정동 소재 피의자의 집에서 살인미수 혐의로 긴급체포되었지요?	问	2016年3月16日16点左右，你在釜山东区水晶洞的家里，因涉嫌杀人未遂而被紧急逮捕的吧？
답	예.	答	是的。
문	피의자는 체포되면서 경찰관으로부터 체포의 이유, 변호인 선임권, 묵비권, 체포적부심 청구권을 모두 고지받았나요?	问	你在被捕的时候，警官告知了你被逮捕的理由、辩护人选任权、沉默权、逮捕合法性审议请求权吗？
답	예, 아까 전에 모두 들었습니다.	答	是的，刚才我都听到了。
문	피의자는 한○○와 어떻게 알게 된 사이인가요?	问	你怎么认识韩某某的呢？
답	2년 전 제가 부산 동구 수정동의 어느 불고기집에서 종업원으로 일한 적이 있는데, 그 때 자주 오던 손님이었습니다. 손님이 뜸할 때 제가 합석해서 술을 몇 잔 먹었는데, 그 인연으로 친해져서 교제를 한 사이입니다.	答	两年前我在釜山东区水晶洞的一家烤肉店当过服务员，他是那个店的老顾客。当店里客人少的时候，我和他一起喝过几杯酒，因为这种份缘我们变得亲近开始交往了。
문	피의자는 한○○와 어느 정도까지 염두하고 교제를 하였나요?	问	你当时考虑过你们的关系会发展到什么程度吗？
답	한○○도 한 번 이혼을 했기 때문에 공감대가 있었고, 재혼을 할까도 생각하였습니다.	答	因为他也经历过一次离婚，所以我们之间产生了共鸣，我想过跟他二婚。
문	피의자가 한○○의 집 앞에 있던 우유에 농약을 탄 일시와 장소를 말해보세요.	问	说一说你在韩某某家门口的牛奶里面放农药的时间和地点。
답	정확한 날짜와 시간은 기억이	答	准确的日期和时间记不起来

	나지 않는데, 올해 3월 초순경 저녁입니다.		了，大概是在今年3月初的一个晚上。
문	피의자가 범행을 저지른 날은 무슨 요일이었나요?	问	你作案的日子是星期几？
답	(잠시 생각하더니) 일요일이었습니다.	答	是星期天。
문	우유에 농약을 타게 된 경위를 말해보세요.	问	说一说你在牛奶里加农药的经过。
답	제가 한○○에게 일방적으로 버림을 받고 난 뒤, 한○○은 곧바로 다른 여자와 사귀기 시작했습니다. 제가 받은 상처가 너무 컸고, 한○○에 대한 원망이 들어서 너무 힘들었습니다. 그 날은 정말 한○○를 만나서 무슨 이유로 저를 버렸는지 얘기하고 싶어서 찾아갔는데 집에 아무도 없고 현관 앞 한○○가 배달시켜먹는 우유 주머니에 우유가 2개 있었습니다. 그래서 우유 2개를 꺼내어 농약집에 가서 제초제 한 봉지를 샀습니다. 그것을 들고 집으로 와서 우유 2개에 뚜껑을 열어서 우유를 조금 쏟아버리고 제초제를 넣고 뚜껑을 닫아놓았습니다. 그리고 다시 한○○의 집에 찾아가 우유 주머니에 넣어놓고 집에 돌아왔습니다.	答	自从我单方面被他抛弃之后，他马上就和别的女人交往了。我受到了很大的打击，非常怨恨他，我挺难受的。那天我去找他想问个清楚他为什么抛弃我，可是家里没人，我却发现了挂在他家门口的牛奶袋，里面有两瓶牛奶。于是，我拿出了那两个牛奶瓶，然后去农药店买了一包除草剂。我拿着那包除草剂回到家，打开那两个牛奶瓶之后，先把牛奶倒出一点儿，然后把那包除草剂一点一点地放进了牛奶瓶里面，最后盖上了盖子。随后我又去了他家，把那两个牛奶瓶放回了牛奶袋里面，就回家了。

문	제초제는 어디 농약집에서 구입하였나요?	问	除草剂在哪个农药店买的?
답	한○○ 집 근처 수정시장에 있는 농약집인데, 상호는 기억나지 않습니다.	答	在韩某某家附近水晶市场里面的一家农药店买的。店名呢，记不起来了。
문	농약집 주인에게 무엇이라고 말하고 구입하였나요?	问	你对店主说了什么才买到的?
답	주인 할머니에게 "나무뿌리 죽이는 제초제 좀 주세요"라고 하니까 할머니가 아무 말이 한 봉지 주었습니다.	答	我对店主老人说："请给我一点灭树根的除草剂"。店主老人就不声不响地给了我一包。
문	얼마에 구입하였나요?	问	多少钱买到的?
답	6,000원에 샀습니다.	答	6000元韩元。
이때, 피의자가 범행에 사용한 우유와 제초제 사진을 보여주고 문답하다.		这时，向犯罪嫌疑人出示犯罪时使用过的牛奶和除草剂的照片。	
문	사진 속에 있는 우유와 제초제가 피의자가 범행에 이용한 것이 맞는가요?	问	这张照片中的牛奶和除草剂是你犯罪时使用的吗?
답	(사진을 본 후) 예, 맞습니다.	答	是的。
문	당신은 사람이 제초제를 먹으면 죽을 수 있다고 생각해보지 않았나요?	问	你没想过人吃了除草剂会死亡呢?
답	거기까지는 생각해보지 않았습니다.	答	我没想过。
문	위와 같은 범행을 한 이유는 무엇인가요?	问	你为什么犯了这样的罪?
답	이것도 그냥 겁을 주려고 한 것입니다.	答	我只是想吓唬吓唬他。
문	사람에게 치명적인 성분이 가득한 농약을 섞은 것을 겁을 주	问	把含有致命成分的农药掺杂在一起的行为，你难道只是为了

	려는 것이었다고 할 수 있나요?		吓唬他?
답	저는 제초제가 그 정도의 성분이 있는 줄 몰랐습니다.	答	我没想到除草剂会有那么厉害的成分。
문	사람이 제초제를 먹으면 어떻게 된다고 알았나요?	问	你认为人吃了除草剂会怎么样?
답	조금만 넣었다고 생각해서 죽을 것이라는 생각은 안 했습니다.	答	我想只是放了一点，就没想过人会死。
문	참고로 더 할 말이 있나요?	问	你还有什么要说的吗?
답	그 사람이 저를 배신한 것이 너무 원망스러웠습니다. 그 사람이 죽어버리면 저도 따라서 죽으려고 했습니다.	答	我非常埋怨他背叛了我。如果他死了，我也会跟着他死。
문	위 내용이 진술대로 기재되었나요?	问	你核对一下笔录，与你陈述的内容是否一致?
답	(자필로) 예, 맞습니다.	答	(手写)是。
문	진술한 내용 중 사실과 다른 부분이 있나요?	问	你以上所说的有没有与事实不符的部分?
답	(자필로) 없습니다.	答	(手写)没有。

2) 보이스피싱

<사건개요>

▶ 피의자는 중국인이며 보이스피싱 인출책으로, 상선의 지시를 받아 지하철 물품보관함에 넣어 둔 현금을 찾아서 중국으로 송금하는 역할을 하다가 경찰관에게 검거된 사안이다.

한국어		中文	
문	피의자가 박○○인가요?	问	你就是嫌疑人朴某某吗?

답	예.	答	是的。
문	국적은 어디인가요?	问	国籍是什么？
답	중국입니다.	答	是中国。
문	한국에는 언제 입국하였나요?	问	你什么时候来的韩国？
답	올해 5월에 입국하였습니다.	答	今年5月入境的。
문	무슨 비자로 들어왔나요?	问	以什么签证入境的？
답	여행비자입니다.	答	是旅游签证。
문	입국한 이유는 무엇인가요?	问	来韩国的目的是什么？
답	한국에서 노동을 하면 중국보다 돈을 더 많이 벌 수 있다고 해서 왔습니다.	答	听说来韩国打工比起中国能赚很多的钱，所以来韩国的。
문	피의자는 중국에서 어떤 일을 하였나요?	问	你在中国都做过哪些工作？
답	노래방 웨이터도 했고, 매니큐어 만드는 공장에서도 일을 했습니다.	答	我做过歌厅的服务员，也在指甲油工厂打过工。
문	피의자는 무슨 이유로 금일 체포되었나요?	问	今天你为什么被逮捕？
답	돈을 찾다가 형사한테 체포되었습니다.	答	取钱的时候被刑警逮捕了。
문	피의자가 찾은 돈은 무슨 돈인가요?	问	你取的钱是什么钱？
답	회사에서 주는 보너스 돈으로 알고 있습니다.	答	据我所知是公司发的奖金什么的。
문	회사에서 무슨 이유로 주는 보너스인가요?	问	公司因为什么发奖金呢？
답	회사에서 아랫사람이 윗사람에게 주는 돈입니다.	答	公司的下级给上级的钱。
문	다시 한 번 묻겠습니다. 피의자가 금일 찾은 돈이 무슨 돈이었	问	我再问一下。今天你取的钱是什么钱？

	나요?		
답	죄송합니다. 검은 돈, 불법적인 돈으로 알고 있습니다. 저도 나중에 알게 되었습니다.	答	不好意思。我取的是黑钱，非法的。后来我才知道的。
문	피의자는 금일 16:50경 부산 자갈치 지하철역 8번출구 방향 물품보관소에서 긴급체포 되었는데, 그 장소에 오게 된 경위를 말해보세요.	问	今天16:50左右你在釜山札嘎其地铁站8号出口方向的物品保管箱前被紧急逮捕了。你说明一下到那个地方的整个经过。
답	어제 저녁 부산 남포동에 있는 ○○모텔에서 자고 오늘 아침 8시30분에 일어났습니다. 오전 10시쯤 '용형님'이 위챗 채팅으로 저한테 서면 지하철역 물품 보관함에 가서 현금카드를 찾으라는 문자를 보냈습니다. 그래서 지하철을 타고 서면역에 가서 '용형님'이 말해준 물품보관함에서 현금카드 1개를 찾고, 근처 PC방에서 게임을 하고 라면도 먹었습니다. PC방에서 게임을 하던 중 다시 '용형님'이 위챗으로 현금인출기에 가서 돈을 찾으라고 하였습니다. 그래서 PC방 근처에 있는 GS편의점에서 가서 그 현금카드로 100만원을 찾았습니다. 조금 있다가 '용형님'이 다시 자갈치 지	答	昨天晚上我在釜山南浦洞的某某旅馆睡觉，今天早上8点30分起床。上午10:00左右我收到"龙哥"的微信，让我去西面地铁站的物品保管箱取现金卡。我坐地铁到了西面站，在他告诉我的物品保管箱里取了一枚现金卡，然后我到附近的网吧玩了游戏，吃了方便面。在网吧玩游戏的时候我又收到了"龙哥"的微信，他让我去自动取款机取钱。我到那个网吧附近的GS便利店用那个现金卡取了100万韩元。再过了一会儿，他又让我去札嘎其地铁站等待他的指令。我在西面五岔路口打出租车，抵达了札嘎其地铁站。接着我又收到他的微信，让我去札嘎其地铁站8号

	하철역에 가서 연락을 기다리라고 하여, 서면 오거리에서 택시를 타고 자갈치 지하철역으로 갔습니다. 그리고 다시 '용형님'이 위챗으로 자갈치 지하철역 8번 출구에 있는 16번 물품보관함에서 물건을 찾으라고 하였습니다. 그래서 8번 출구 에스컬레이터를 타고 역 안으로 들어와서 16번 물품보관함에서 종이박스를 찾고, 다시 8번 출구로 걸어오는데 형사 2명이 저를 체포하였습니다.		出口的16号物品保管箱取东西。我坐8号出口的自动扶梯进入了车站，然后从16号物品保管箱里把一个纸箱子拿出来了。然后我往8号出口的方向走的时候，突然有两名刑警逮捕了我。
문	16번 물품보관함의 비밀번호는 어떻게 알았나요?	问	你怎么知道16号物品保管箱的密码？
답	위챗으로 비밀번호를 받았습니다.	答	通过微信接收了密码。
문	'용형님'은 누구인가요?	问	"龙哥"是谁？
답	매일 저한테 오더를 내려주는 윗선입니다.	答	他就是每天给我下达指令的上线。
문	'용형님'이 어떻게 오더를 내려주나요?	问	他用什么方法给你下达指令？
답	'용형님'이 위챗 문자로 물품보관함의 위치와 비밀번호를 가르쳐주면 그 물품보관함에 가서 문을 열고 카드를 찾습니다.	答	他用微信告诉我物品保管箱的位置和密码，我就到那个物品保管箱开门，取现金卡。
문	'용형님'의 인적사항이나 인상착의와 연락처를 아는가요?	问	你知道那个"龙哥"的个人信息、衣着相貌和联系电话吗？
답	이름은 모릅니다. 전부 다 '용형님'이라고 부릅니다. 저는 '용형	答	我不知道他的名字。我们全都叫他"龙哥"。我从来没见过

	님'을 만난 적이 없어서 얼굴은 모릅니다. '용형님'의 연락처는 따로 없고 위챗 채팅으로만 대화를 했습니다.		他，所以我不知道他长什么样。我也没有他的联系电话，只是用微信聊天。
문	피의자는 체포 당시 현금 117만원을 소지하고 있었는데 어디에서 난 돈인가요?	问	你今天被捕时，身上还有现金117万韩元，这笔钱是怎么来的？
답	모두 현금인출기에서 인출한 돈입니다.	答	都是从自动取款机里取出来的。
문	몇 개의 계좌에서 인출한 것인가요?	问	从几个账户里取出来的？
답	3개의 계좌에서 7번에 걸쳐 인출하였습니다.	答	从三个账户里一共取了七次。
문	피의자가 검거되지 않았다면 피의자가 소지하고 있던 현금을 어떻게 하기로 되어 있었나요?	问	如果你没有被捕的话，那么将怎么处理你携带的现金呢？
답	원래대로라면 '용형님'이 위챗으로 돈을 다 찾았는지 연락을 합니다. 그리고 위챗으로 중국 계좌번호를 받고, 가까운 환전소로 가서 현금을 모두 중국 인민폐로 바꾸어 그 중국 계좌번호로 송금을 합니다. 그러면 제 일은 다 끝나는 것입니다.	答	按说他用微信问我有没有取到钱，然后用微信接中国账户。接着就去附近的外币兑换点把韩元兑换成人民币，然后往那个中国账户汇款。那么我的工作就结束了。
문	그러면 피의자가 받는 대가는 무엇인가요?	问	那么，你获得什么利益呢？
답	100만원을 찾으면 그 중에서 5만원을 받습니다.	答	如果我取100万韩元的话，从中得到5万韩元。
문	피의자가 지출한 식비, 교통비 등은 누가 주나요?	问	你支出的饭费，交通费等由谁来负担？

답	환전소에서 중국으로 돈을 보낼 때, 제가 지출했던 경비와 5%의 수고비를 제하고 남은 돈을 송금합니다.	答	在外币兑换点往中国汇款的时候，先扣除我支付的经费，然后再扣除5%的辛苦费之后，把剩下的钱汇过去的。
문	피의자가 보낸 계좌를 진술하세요.	问	说一说你汇钱的中国账户。
답	중국○○은행 62****9703****5002, 계좌명의자 김○○입니다.	答	中国某某银行 62****9703****5002，开户名是金某某。
문	위 계좌번호 외에 다른 계좌번호는 없는가요?	问	除了这个账户以外还有其他账户吗？
답	없습니다.	答	没有。
문	피의자는 어떤 경위로 이와 같은 일을 하게 되었는가요?	问	你怎么开始这份工作的呢？
답	위챗 채팅에 들어가서 직업소개 정보를 보고 알게 되었습니다.	答	在微信求职信息中知道的。
문	피의자의 행위가 불법이라는 것을 몰랐나요?	问	你不知道这样的行为是违法的吗？
답	몰랐습니다.	答	我不知道。
문	정당한 돈이면 어떤 이유로 피의자가 돈을 찾아주는가요? 자기들이 직접 찾으면 되지 않나요?	问	如果是合法的钱，为什么会让你取钱？ 他们亲自取钱不就行了吗？
답	그런 것은 생각해 보지 않고 돈을 쉽게 벌 수 있어서 그랬습니다.	答	我没想那么多，只是我觉得比较容易赚钱，所以就做了。
문	직접 카드를 주지 않고 피의자에게 물품보관소에 가서 찾으라고 하는 것이 이상하지 않던가요?	问	他没有直接把信用卡交给你，而是让你到物品保管箱拿卡，你不觉得奇怪吗？

답	이상하다는 생각은 해 보았습니다.	答	我想有点儿奇怪。	
문	이상하다고 생각하면서 그 일을 계속 한 이유는 무엇인가요?	问	你觉得奇怪，为什么还继续做下去呢？	
답	하루에 버는 돈도 많고, 돈도 쉽게 버니까요.	答	因为一天能赚很多钱，而且钱赚的也容易。	
문	피의자의 행위가 보이스피싱 범죄조직의 인출책이라고 생각한 적은 없나요?	问	你没想过你的行为属于电信诈骗犯罪团伙的取款人吗？	
답	없습니다.	答	没想过。	
문	언제부터 이 같은 일을 시작하였나요?	问	你从什么时候开始做这份工作的？	
답	한 달 정도 됩니다.	答	一个月以前开始的。	
문	하루에 얼마씩 벌었나요?	问	一天能赚多少钱？	
답	대략 10만원 정도 벌었습니다.	答	大概10万韩元左右。	
문	이 같은 방법으로 모두 얼마를 벌었나요?	问	你通过这种方法一共赚了多少钱？	
답	약 300만원정도 됩니다.	答	大概300万韩元左右。	
문	번 돈은 어디에 사용하였나요?	问	你赚到的钱花到哪里去了？	
답	집세 내고 먹고 쓰고 왔다 갔다 하는데 사용하다보니 다 써버렸습니다.	答	交房租、基本的吃喝拉撒、还有交通费，这么一算下来，钱就花没了。	
문	참고로 더 할 말이 있나요?	问	你还有什么要说的吗？	
답	저는 정말 불법적인 돈이라는 것을 몰랐습니다.	答	我真的不知道这笔钱是非法的。	
문	위 내용이 진술대로 기재되었나요?	问	你核对一下笔录，与你陈述的内容是否一致？	
답	답 (자필로) 예.	答	(手写)是。	
문	피의자의 진술 내용 중 사실과 다른 부분이 있나요?	问	你以上所说的有没有与事实不符的部分？	
답	(자필로) 없습니다.	答	(手写)没有。	

3) 절도

<사건개요>

▶ 피의자는 공영주차장에 주차된 차량에서 지갑을 절취한 혐의로 경찰관에게 긴급체포된 사안이다.

	한국어		中文
문	피의자가 장○○인가요?	问	你就是嫌疑人张某某吗?
답	예.	答	是的。
문	피의자는 2016. 3. 8. 13:00경 부산 금정구 부산대학 근처에 있는 ○○PC방에서 절도 혐의로 긴급체포된 적이 있나요?	问	2016年3月8日13点左右，你在釜山金井区釜山大学附近的某某网吧里，因涉嫌盗窃而被紧急逮捕的吧?
답	예.	答	是的。
문	피의자는 위 PC방에서 무엇을 하고 있었나요?	问	当时在那家网吧里你在做什么?
답	인터넷 게임을 하고 있었습니다.	答	玩网络游戏。
문	피의자는 체포된 이유를 알고 있나요?	问	你知道被捕的理由吗?
답	제가 지갑을 훔친 것 때문인 것으로 알고 있습니다.	答	据我所知，是因为我偷了钱包。
문	언제 어디서 훔쳤나요?	问	什么时候在哪里偷的呢?
답	2016. 3. 3. 15:00경 부산 금정구 부산대역 공영주차장에 주차된 차량에서 훔쳤습니다.	答	2016年3月3日15点左右，我在釜山金井区釜山大地铁站公共停车场里的停放车辆上偷的。
문	그 공영주차장에 들어가서부터 나올 때까지 일을 모두 말해보세요.	问	陈述一下你去那个公共停车场从头到尾发生的事情。
답	그냥 지나가는 길에 차를 구경하고 싶어서 주차장에 들어갔	答	当时我正好路过那个停车场，想去看看里面都有什么车。在

	고, 둘러보다가 보니까 차 안에 뭐가 보였습니다. 그런데 차 문이 열려있어서 순간적인 실수로 물건을 가지고 나왔습니다.		停车场看了一遍，突然发现有辆车里好像有什么东西，而且车门也开着。我一时冲动就把东西拿出来了。
문	피의자가 피해품을 가지고 간 차량 색깔이나 차종 등 특징을 기억하나요?	问	你记得那个车辆的颜色、车型等特点吗？
답	흰색 승용차였는데, 다른 특징은 잘 기억나지 않습니다.	答	是白色的轿车，其他特征呢，我记不得了。
이때, 피의자에게 절도 차량 사진을 보여주며 문답하다.		这时，向嫌疑人出示盗窃车辆的照片并进行盘问。	
문	이 차량에서 물건을 가지고 간 것이 맞나요?	问	你是从这辆车里拿走东西的吗？
답	맞는 것 같습니다.	答	好像是。
문	위 차량에서 무엇을 가지고 갔나요?	问	从这辆车里拿走了什么东西？
답	지갑을 훔쳤습니다.	答	偷了一个钱包。
문	지갑은 어디에 있었나요?	问	钱包在车辆的哪个位置？
답	운전석과 조수석 사이에 있었습니다.	答	在驾驶座和副驾驶座之间。
문	지갑은 어떻게 생겼는지 묘사해보세요.	问	具体描述一下钱包是什么样的。
답	검정색 손바닥 정도 크기의 반지갑이었습니다.	答	是黑色的，手巴掌大的短款钱包。
문	지갑 안에는 무엇이 들어 있었나요?	问	钱包里都有什么东西？
답	현금 30만원, 운전면허증, 신용카드, 영수증이 있었습니다.	答	有现金30万韩元、驾驶证、信用卡、收据。
문	피의자는 그 외에 가지고 간 다른 물건이 있나요?	问	你有没有拿走其他东西？

답	없습니다.	答	没有。
문	가지고 간 지갑은 어떻게 하였나요?	问	你拿走的钱包和现金怎么处理的?
답	현금만 빼고 지갑은 집으로 오는 길에 버렸습니다.	答	从钱包里掏出现金以后，在回家的路上把钱包扔掉了。
문	현금은 어디에 사용했나요?	问	现金都花在哪里?
답	친구들이랑 같이 놀면서 다 썼습니다.	答	和朋友们一起玩的时候都花完了。
문	피의자는 차량의 문을 어떻게 열었나요?	问	你怎么打开车门的?
답	그냥 차 문이 잠겨 있지 않는 것 같아서 열어봤더니 그냥 열렸습니다.	答	好像那个车门没锁上，我试一试就打开了。
문	피해차량의 문이 잠겨있지 않다는 사실은 어떻게 알았나요?	问	你怎么知道那个车辆的车门没锁上呢?
답	그 차의 사이드 미러가 안 접혀있으니까요. 요즘 차들은 문을 잠그면 자동으로 사이드 미러가 접히잖아요.	答	因为那个车辆的后视镜没有折叠。最近生产的车辆基本上锁上车门，后视镜就会自动折叠。
문	사이드 미러가 접혀있지 않은 차는 모두 열어보았다는 말인가요?	问	后视镜没折叠起来的车辆，你全都打开车门了吗?
답	아니요. 3대 정도 열어보았습니다.	答	没有。大约打开了三辆车。
문	열어본 차량의 특징이나 차종을 기억하나요?	问	你记得你打开过的车辆的特点或车型吗?
답	모르겠습니다.	答	不记得。
문	다른 차량에서 물건을 훔치지는 않았나요?	问	在其他的车里你有没有偷东西?
답	차 안에 아무 것도 없어서 훔	答	因为车里什么都没有，就没偷

한국어		中文
	치지 않았습니다.	到。
문	이 같은 범행을 한 이유는 무엇인가요?	问	你犯下这种罪行的原因是什么?
답	직장도 구하기 힘들고 수중에 돈도 없어서 그랬습니다. 잘못했습니다.	答	因为找工作难, 而且手头也没钱。我做错了。
문	참고로 더 할 말이 있나요?	问	你还有什么要说的吗?
답	정말 반성하고 있습니다. 다시는 이런 짓을 하지 않겠습니다. 부디 선처를 부탁드립니다.	答	我正在深刻反省中, 以后绝对不会犯下这种罪行。希望从轻处罚。
문	위 내용이 진술대로 기재되었나요?	问	你核对一下笔录, 与你陈述的内容是否一致?
답	(자필로) 예, 맞습니다.	答	(手写)是。
문	진술한 내용 중 사실과 다른 부분이 있나요?	问	你以上所说的有没有与事实不符的部分?
답	(자필로) 없습니다.	答	(手写)没有。

4) 특수상해

<사건개요>

▶ 피의자는 대학 기숙사 내에서 룸메이트인 피해자가 평소 피의자의 욕을 하고 다녔다는 이유로 야구방망이로 피해자에게 상해를 가한 사안이다.

한국어		中文
문	피의자가 송○○인가요?	问	你就是嫌疑人宋某某吗?
답	예, 그렇습니다.	答	是的。
문	피의자는 무슨 이유로 조사를 받는지 아는가요?	问	你知道你接受调查的理由吗?
답	제가 룸메이트 김○○를 폭행	答	因为我殴打了室友金某某。

	하였기 때문입니다.		
문	피의자와 피해자는 어떤 사이인가요?	问	你和被害人是什么关系？
답	저와 같은 대학에 다니고, 올해 3월부터 기숙사에서 같이 살고 있는 사이입니다.	答	我跟他上同一个大学，从今年3月开始住在同一个宿舍里。
문	평소 피해자와의 관계는 어떠했나요?	问	你平时跟被害人的关系怎么样？
답	그리 친하지 않았습니다.	答	我们的关系不是很亲近。
문	피해자는 어떤 특징이 있나요?	问	被害人有什么特点吗？
답	키도 160센티미터 정도로 작고, 대화를 하면 대답을 잘 못하는 경우도 많고, 일반인보다 판단도 느립니다. 대화를 하다보면 조금 모자란다는 생각이 듭니다.	答	身高只有160厘米左右，跟他聊天有时答不上话，比一般人他的反映也慢。跟他聊天时，我觉得他有点缺心眼儿。
문	피의자는 언제, 어디서 피해자를 폭행하였나요?	问	你什么时候、在哪里殴打了被害人？
답	6. 15. 새벽 00시30분경입니다.	答	6月15日凌晨00点30分左右。
문	폭행 당시의 상황에 대하여 진술해보세요.	问	陈述一下你殴打被害人的情况。
답	그 전날 제가 친구 박○○와 술을 마시던 중에, 김○○가 다른 친구들에게 저를 욕했다는 이야기를 들었는데, 별로 기분이 좋지 않았습니다. 술을 늦게까지 마시고 박○○와 같이 기숙사에 돌아왔는데 김○○가 자고 있었습니다. 제가 김○○를 깨워서 왜 내 욕을 했는지 물어보았는데, 대답도 안하기에	答	前天，我和朋友朴某某喝酒的时候，听到了金某某跟其他朋友辱骂我的消息，我有点儿不高兴。酒喝到深夜，和朴某某一起回到宿舍，正好金某某在睡觉。我叫醒他，问他为什么骂我，他却不回答，所以我生气了，我用拳头打了几下金某某的耳光。即便如此，金某某仍然不回答，于是我用球棒打

	제가 화가 나서 김○○의 뺨을 주먹으로 몇 대 때렸습니다. 그래도 김○○가 대답을 하지 않아서 야구방망이로 김○○의 허벅지와 엉덩이를 몇 번 더 때렸습니다.		了几下金某某的大腿和臀部。
문	야구방망이는 어디에 있던 것인가요?	问	球棒是在哪里弄到的?
답	저의 방에 원래부터 있던 것입니다.	答	本来就在我的房间里。
문	피해자를 폭행하기 위하여 야구방망이를 일부러 가지고 온 것은 아닌가요?	问	你是不是为了殴打他而故意把球棒带过来的?
답	아닙니다. 제가 야구를 좋아해서 방에 야구방망이를 갖다놓고 스윙을 하곤 했습니다. 김○○도 알고 있습니다.	答	不是。 我喜欢打棒球，经常在房间里挥棒的。金某某也知道。
문	피해자를 폭행한 이유는 무엇인가요?	问	殴打被害人的理由是什么?
답	평소 김○○가 저와의 약속을 종종 어겼습니다. 어떤 때에는 PC방에 같이 가기로 했는데 갑자기 연락이 없고, 또 어떤 때에는 같이 저녁을 먹기로 했는데 약속장소에 나타나지도 않았습니다. 그래서 제가 김○○에 대한 감정이 별로 안 좋았는데, 그 날 제 욕을 하고 다닌다는 이야기를 듣고 아주 화가 났습	答	平时金某某经常跟我违约。有的时候说好跟我一起去网吧，突然联系不上他。也有的时候他跟我说好一起去吃晚饭，但是他最后还是没有在约定地点出现。所以我对金某某的感情不怎么好，那天我听到了他骂我的消息，非常生气。所以那天我找他问个明白，他却什么都不说，他这样的态度让我十

	니다. 그래서 그 날 김○○에게 따져도 아무 이야기도 하지 않아서 화가 나서 그랬습니다.		分生气，所以我忍不住打伤了他。
문	피의자가 피해자를 폭행할 때, 박○○는 무엇을 하였나요?	问	你打他的时候，朴某某做什么了呢？
답	제가 때리는 것을 말렸습니다.	答	他劝阻了我。
문	박○○도 피의자와 함께 피해자를 폭행하지는 않았나요?	问	朴某某是不是和你一起打了他？
답	아닙니다. 박○○가 저를 말리지 않았다면 제가 김○○를 더 때렸을지도 모릅니다.	答	不是。如果朴某某没有阻止我，说不定我还会继续打金某某。
문	피의자의 폭행으로 피해자가 어떤 상처를 입었는지 아는가요?	问	你知道因为你的暴行被害人受到了什么样的伤害吗？
답	잘 모르겠습니다.	答	我不太清楚。
이때, 피의자에게 의사 고○○ 작성의 피해자에 대한 상해진단서를 보여주다.		此时，向嫌疑人出示高某某医生开的被害人的伤害诊断书。	
문	이 진단서에는 약 4주간의 치료를 요하는 치아파절상 및 대퇴부좌상 등이라고 되어 있는데, 피의자의 폭행으로 인한 상처라는 것을 인정하나요?	问	这诊断书上写道，需要治疗约四周的牙齿折断伤和大腿挫伤，你承认这是因为你的暴行而造成的伤痕吗？
답	예. 인정합니다.	答	是的，我承认。
문	당시 피의자는 술을 얼마나 마셨나요?	问	当时你喝了多少酒？
답	박○○와 같이 소주 5병 정도 마셨는데, 제가 기분이 나빠서 조금 더 마셨습니다.	答	我跟朴某某一起喝了大概五瓶烧酒，当时我心情不好，所以我就多喝了点儿。
문	피의자의 평소 주량은 어느 정도 되나요?	问	你平时的酒量是多少？

	한국어		中文
답	소주 2병을 마시면 제법 취합니다.	答	喝两瓶烧酒就会醉。
문	피해자를 폭행할 당시 많이 취한 상태였나요?	问	你打被害人的时候，是不是处于醉酒状态?
답	좀 취했습니다.	答	有点喝醉了。
문	피의자는 피해자에게 사과한 적이 있나요?	问	你有没有向被害人道歉过?
답	김○○ 집에 가서, 김○○와 부모님께 무릎꿇고 사과했습니다.	答	我去金某某老家，向金某某和他的父母跪地道歉了。
문	피해자와 합의한 적은 있나요?	问	你和被害人调解过吗?
답	김○○ 아버지가 합의는 절대 안 한다고 했습니다.	答	金某某的父亲说绝对不会和我调解。
문	참고로 더 할 말이 있나요?	问	你还有什么要说的吗?
답	김○○한테 정말 미안합니다.	答	我真的很对不起金某某。
문	위 내용이 진술대로 기재되었나요?	问	你核对一下笔录，与你陈述的内容是否一致?
답	(자필로) 예, 맞습니다.	答	(手写)是。
문	진술한 내용 중 사실과 다른 부분이 있나요?	问	你以上所说的有没有与事实不符的部分?
답	(자필로) 없습니다.	答	(手写)没有。

5) 인터넷 사기

<사건개요>

▶ 피의자는 인터넷에 패딩점퍼를 판매한다는 허위 게시글을 올려 피해자로부터 25만원을 편취한 사안이다.

	한국어		中文
문	피의자가 유○○인가요?	问	你就是嫌疑人刘某某吗?
답	예.	答	是的。
문	피의자는 오늘 조사받는 이유	问	你知道你接受调查的理由吗?

	를 알고 있나요?		
답	제가 인터넷 사기 피의자가 되었다고 연락을 받았으니까 경찰서에 나왔죠.	答	我接到我涉有网络诈骗嫌疑的通知, 所以就来警察局了。
문	피의자는 네이버카페 '중고나라'를 알고 있나요?	问	你知道NAVER二手物品交易网站"二手世界"吗?
답	예.	答	知道。
문	피의자의 '중고나라' 아이디는 무엇인가요?	问	"二手世界"上的你的用户名是什么?
답	'mima999'에요.	答	是"mima999"。
문	피의자가 사용하는 아이디는 'mima999' 외에는 없나요?	问	除了"mima999"以外, 你有别的用户名吗?
답	몇 개 있는 것 같은데 잘 기억나진 않아요.	答	可能有几个, 但是记不起来了。
문	피의자는 2015. 12. 11. 11:00경 '중고나라'에 'mima999'라는 아이디로 "노스페이스 중고패딩 팝니다"라는 글을 게시한 사실이 있나요?	问	2015年12月11日11点左右在"二手世界"网站上, 你以"mima999"的用户名上传了"卖NorthFace二手羽绒服"的帖子吗?
답	그런 것 같네요.	答	好像是的。
이때, 피의자에게 '중고나라' 게시물 (제목 : 노스페이스 중고패딩 팝니다) 페이지 출력물을 보여준 후,		这时, 向嫌疑人出示了"二手世界"网站上"卖NorthFace二手羽绒服"页面的打印图片。	
문	이 게시물이 피의자가 게시한 것이 맞나요?	问	这是你上传的帖子吗?
답	(출력물을 본 후) 예, 맞아요.	答	是的。
문	피의자가 사용하는 휴대전화번호가 '010-1234-5678'인가요?	问	你的手机号码是"010-1234-5678", 对吗?
답	예, 맞아요.	答	对。
문	그런데 2015. 12. 11. '중고나	问	可是, 2015年12月11日在"二

	라'에는 왜 피의자의 연락처를 '010－5678－1234'라고 적어놓았나요?		手世界"网站上为什么把你的手机号码写成"010-5678-1234"呢?
답	1월에 요금이 밀려서 바꿨어요.	答	因为一月份的话费没交上, 所以换了手机。
이때, 피의자에게 피해자 김○○와 주고받은 문자메시지 캡쳐사진을 보여주면서 문답하다.		这时, 给嫌疑人看他和被害人金某某之间的短信截图, 并进行问答。	
문	피의자는 김○○을 알고 있나요?	问	你知道金某某吗?
답	패딩 사려고 한 사람이겠죠.	答	应该是要向我买羽绒服的人。
문	피의자는 2015. 12. 11. 15:00부터 15:20까지 김○○과 문자메시지를 주고받으면서, 김○○에게 25만원을 입금해주면 약속한 패딩을 바로 보내주겠다고 하였지요?	问	从2015年12月11日15:00到15:20, 你和金某某交换短信的时候, 说好他给你汇25万韩元的话, 你答应将羽绒服寄给他的吗?
답	예.	答	是。
문	2015. 12. 11. 15:40 피의자는 피의자 명의의 ○○은행계좌 (1002－234－56789)로 김○○으로부터 25만원을 송금받은 사실이 있나요?	问	2015年12月11日15:40, 用自己的某某银行账户 (1002-234-56789), 你收到了他汇给你的25万韩元吗?
답	예.	答	是。
문	피의자는 김○○에게 보내주기로 약속한 패딩을 보냈나요?	问	你把那件羽绒服寄给金某某了吗?
답	아니요.	答	没有。
문	패딩을 보내지 않았던 이유가 무엇인가요?	问	为什么没有寄羽绒服呢?
답	그게 제 패딩이 아니라 친구 꺼	答	其实, 那件羽绒服不是我的而

	에요. 그 친구가 '중고나라'에 올려달라고 해서 올렸는데, 걔가 그 이후로 잠수를 타서 그래요.		是我朋友的。那位朋友让我把那件羽绒服上传到"二手世界"网站上的，可是后来他就没消息了。
문	그 친구가 누구인가요?	问	那位朋友是谁啊？
답	이○○이요.	答	是李某某。
문	친구 이○○의 주소와 연락처를 아는가요?	问	你知道李某某的住址和联系电话吗？
답	몰라요. 제 휴대폰도 바뀌어서 연락도 안 돼요.	答	不知道。我的手机也换了，所以我也联系不上他。
문	이○○와는 어떻게 알게 된 사이인가요?	问	你和李某某是怎么认识的？
답	인터넷 게임을 하다가 알게 되었어요.	答	在网络游戏中认识的。
문	피의자는 이○○의 노스페이스 중고패딩을 본 적이 있나요?	问	你看过李某某的那件羽绒服吗？
답	그럼요.	答	看过。
문	피의자가 게시한 '중고나라'의 게시물은 지금도 있나요?	问	你在"二手世界"网站上上传的帖子现在也在吗？
답	아니요. 제가 삭제했습니다.	答	没有，我已经删除了。
문	왜 삭제하였나요?	问	为什么删除了呢？
답	패딩을 못 보냈으니까요.	答	因为我没寄羽绒服。
문	그럼 피해자에게 25만원을 반환하였나요?	问	那么，你还给被害人25万韩元了吗？
답	아니요.	答	没有。
문	피해자에게 패딩을 보내주지 않았으면서 돈을 반환하지 않는 이유는 무엇인가요?	问	既然你没给被害人寄羽绒服，那为什么还不还钱呢？
답	계좌번호를 모르니까요.	答	因为我不知道他的账户。
문	피의자가 피해자에게 연락하지	问	你不跟被害人联系的理由是什

	않은 이유는 무엇인가요?		么呢?
답	갑자기 폰을 잃어버려서 연락처를 알 수 없었어요.	答	我突然丢了手机，就无法知道他的电话。
문	휴대폰을 언제, 어디에서 잃어버렸나요?	问	你什么时候，在哪儿丢的手机?
답	게시물 올리고 나서 2~3일 있다가 친구들이랑 술 먹고 호프집에서 잃어버렸어요.	答	上传那个帖子以后过了两三天，和朋友们一起喝酒，在啤酒店丢的。
문	피의자의 휴대전화번호 가입일자는 2016. 1. 17.로 확인되는데, 피의자가 12월에 휴대폰을 잃어버렸다는 진술은 사실인가요?	问	根据我们警方确认，你的手机号申请日是2016年1月17日，你说在12月份丢了手机，你说的是真的吗?
답	잃어버린 것은 12월이고, 새로 개통한 건 1월이에요.	答	12月份丢的，是1月份从新开通的。
문	약 1개월 동안 휴대폰 없이 생활하였다는 말인가요?	问	在一个月的时间里，你是在没有手机的情况下生活的吗?
답	(아무런 답변을 하지 않다)	答	(不回答)
문	피의자는 아까 전에는 휴대폰 요금이 밀려서 휴대폰을 바꾸었다고 진술하다가 지금은 휴대폰을 잃어버렸다고 진술하는데, 어떤 것이 사실인가요?	问	之前你说因为话费没交上而换了手机，现在却说手机丢了，哪个属实?
답	(아무런 답변을 하지 않다)	答	(不回答)
문	피의자는 지금 진술을 거부하는 것인가요?	问	你现在拒绝陈述吗?
답	아니요.	答	不是。
문	피의자는 피해자로부터 받은 돈을 어디에 사용하였나요?	问	你从被害人那里收到的钱花在哪里了?
답	그냥 생활비가 필요해서 썼습	答	用在生活费上了。

	니다.		
문	김○○ 외에 피의자가 중고거 래를 하기로 하여 대금을 받은 후 물건을 보내주지 않은 일이 있나요?	问	除了金某某以外，你在二手交易时收到货款后没有发货的吗？
답	그것 말고는 없습니다.	答	那个以外就没有了。
이때, 피의자의 명의의 ○○은행 계좌(1002−***−*****) 거래내역 을 보여주다.		这时，向嫌疑人出示嫌疑人名义的某某银行账户(1002-***-*)交易明细表。	
문	피의자는 다음 거래내역과 같 이, ① 2015. 12. 11. 김○○으 로부터 25만원, ② 2015. 12. 11. 이○○으로부터 25만원, ③ 2015. 12. 12. 강○○으로부터 25만원, ④ 2015. 12. 12. 박○ ○으로부터 25만원을 이체받은 적이 있나요?	问	你的银行交易明细如下； ① 2015年12月11日，汇款人： 金某某，25万韩元， ② 2015 年12月11日，汇款人 ： 李某 某，25万韩元， ③ 2015年12 月12日，汇款人：姜某某，25 万韩元， ④ 2015年12月11日， 汇款人：朴某某，25万韩元， 对吗？
답	(거래내역을 확인한 후) 예, 맞 아요.	答	是的。
문	김○○ 이외에 피의자에게 돈 을 보내준 이○○, 강○○, 박 ○○은 누구인가요?	问	除了金某某以外，给你汇款的李某某、姜某某、朴某某是谁啊？
답	모두 피해자들입니다.	答	都是被害人。
문	피의자는 중고패딩을 실제 판 매하려고 하였나요?	问	你是真的打算卖二手羽绒服吗？
답	아니요. 그냥 인터넷에 있는 사 진을 올려서 거짓말을 했습니다.	答	不是。只是上传了网上的照片，撒了谎。
문	피해자들로부터 송금받은 돈은 어디에 사용하였나요?	问	从被害人那里收到的钱都花在哪里？

답	휴대폰을 샀습니다.	答	买了手机。
문	휴대폰을 사려고 허위 게시글을 올렸다는 말인가요?	问	是为了买手机而上传了虚假帖子吗?
답	예, 죄송합니다.	答	是的，很抱歉。
문	이후 피의자는 피해자들의 연락을 받지도 않고, 돈을 변제하지도 않았는데, 그 이유는 무엇인가요?	问	后来，你不接被害人的电话，又不还钱，有什么理由吗?
답	전화번호를 바꾸면 연락이 오지 않을 것이라고 생각했습니다.	答	我想只要改电话号码，他们就不会联系我。
문	피해자들의 피해를 변제할 수 있나요?	问	你能偿还被害人的损失吗?
답	일해서 버는 대로 갚도록 하겠습니다.	答	我会努力工作，用赚到的钱争取偿还的。
문	참고로 더 할 말이 있나요?	问	你还有什么要说的吗?
답	죄송합니다. 다시는 이런 일이 없도록 하겠습니다.	答	对不起。我保证再也不会发生这种事的。
문	위 내용이 진술대로 기재되었나요?	问	你核对一下笔录，与你陈述的内容是否一致?
답	(자필로) 예, 맞습니다.	答	(手写)是。
문	진술한 내용 중 사실과 다른 부분이 있나요?	问	你以上所说的有没有与事实不符的部分?
답	(자필로) 없습니다.	答	(手写)没有。

II. 형사공판절차 통역사례

1. 형사재판의 일반적인 순서

가. 진술거부권 고지

법정에서 재판장이 가장 먼저 하는 일은 피고인에게 진술거부권을 고지하는 것이다. 질문 전체에 대한 답변을 거부할 수도 있고, 특정 질문에 대해서만 진술을 거부하는 것도 가능하다는 취지이다.

나. 인정신문

피고인의 성명, 연령, 등록기준지, 주거와 직업을 물어서 피고인 본인이 맞다는 것을 확인하는 절차이다.

다. 검사의 모두진술

'모두'라는 말은 '서두'라는 말과 비슷한 뜻이다. 검사는 피고인이 어떠한 공소사실로 기소되었는지, 그 공소사실의 요지를 낭독한다.

라. 피고인의 모두진술

검사의 모두진술이 끝난 후, 피고인은 공소장(공소사실)의 내용에 대하여 입장을 표명하게 된다. 이때에는 공소사실의 인정여부만 간략하게 말한다. 크게 보면, 아래와 같이 전부 인정, 전부 부인, 일부 부인의 형태로 나누어진다.

① 전부 인정 : "공소사실에 대하여 모두 인정합니다."
② 전부 부인 : "공소사실을 모두 부인합니다."
③ 일부 부인 : "공소사실 중 OOO부분은 인정하지만, XXX부분은 부인합니다."

마. 재판장의 쟁점 정리

형사소송법 제287조는 "① 재판장은 피고인의 모두진술이 끝난 다음에 피고인 또는 변호인에게 쟁점의 정리를 위하여 필요한 질문을 할 수 있다. ② 재판장은 증거조사를 하기에 앞서 검사 및 변호인으로 하여금 공소사실 등의 증명과 관련된 주장 및 입증계획 등을 진술하게 할 수 있다."라고 규정하고 있다. 그러나 실무적으로 특별한 쟁점이 없는 경우 대부분 생략되는 경우가 많고, 다음 순서인 증거조사를 언제 어떻게 진행할 것인지 여부를 검사 및 변호인과 협의하는 선에서 끝나는 경우도 적지 않다. 다만, 사실관계 및 법리적 쟁점이 부각되는 사건인 경우에는 재판장이 적극적으로 쟁점을 정리하고 검사 및 변호인에게 해당 쟁점에 대한 입증을 촉구하기도 한다.

바. 증거조사

원칙적으로 증거서류(증거물)마다 개별적으로 지시, 설명하거나 낭독하도록 되어 있지만, 실무상으로는 일일이 증거조사 하는 경우는 드물다.

1) 증거인부

증거인부는 증거조사에서 가장 먼저 진행하는 절차이다. 일단 검사가 제출한 증거목록을 피고인 및 변호인이 확인한 후 증거마다 '동의'인지 '부동의'인지 입장을 밝히는 것을 말한다.

대체로 자백사건인 경우는 증거목록에 대하여 '모두 동의'하게 되며, 부인사건인 경우에는 고소인 및 피고인에게 불리한 진술을 한 참고인 등의 진술에 대하여 '부동의'하게 된다.

2) 자백사건

자백사건은 대체로 간이공판절차[7)]에 의하여 진행되므로, 증거

---

7) 피고인이 공판정에서 자백하는 단독재판의 관할사건에 대해 형사소송법이 규정하는 증거조사절차를 간이화하고 증거능력의 제한을 완화하여 심리를 신속하게 하기 위하여 마련된 공판절차를 말한다.

조사 역시 간략한 방법으로 진행되며, 증거에 대하여 '모두 동의'하는 것이 보통이므로 각 증거서류(증거물)마다 중요한 요지만 짚고 넘어가는 형태로 설명이 이루어진 후 바로 증거조사를 마치게 된다.

3) 부인사건

부인사건, 즉 무죄를 다투는 사건은 피고인에게 불리한 진술에 대하여 부동의하게 되므로, 그 진술조서는 해당 참고인이 법정에 출석하여 진정하게 성립되었음을 인정하기 전까지는 증거로 채택할 수 없다. 따라서 그 참고인의 증인 소환은 필수적인 절차가 된다. 검사가 제출한 진술조서에 나타나는 증인이므로 검사가 해당 증인을 신청하게 되며, 재판장은 이를 받아들여 해당 증인을 소환하게 된다. 이 때 증인신문기일은 따로 지정하게 되고, 피고인 및 변호인, 검사는 다음 기일에 소환되는 증인에 대한 증인신문사항을 작성하여야 한다. 검사가 신청한 증인이므로, 검사는 주신문사항, 피고인 및 변호인은 반대신문사항을 준비한다.

사. 피고인신문절차

증거조사, 증인신문절차 등이 모두 끝나면 피고인신문절차가 진행된다. 이는 피고인을 증인석에 앉혀서 마치 증인신문을 하는 것과 같이 검사, 변호인, 재판장이 질문을 하는 절차이다. 독립적인 의미는 없으므로 대부분의 사건에서 생략하는 것이 보통이며, 변호인의 최후변론과 피고인의 최후 진술로 대체하는 것이 일반적이다. 또한 피고인이 특별히 억울함을 호소하거나 양형 사유에 대한 풍부한 주장 등이 필요할 때 활용되기도 한다. 그리고 재판장이 실체관계에 대하여 의문점이 있어 피고인에게 직접 질문을 할 때 활용되기도 한다.

아. 검사 구형과 최후 진술

이상과 같은 절차가 모두 끝나면, 드디어 재판장의 소송지휘에 따라 검사는 구형을 하고, 피고인과 변호인은 최후 변론을 하게 된다. 이로써 공판기일은 모두 종결된다.

자. 판결 선고

형사소송법 제318조의4에 의하면, 판결 선고는 변론을 종결한 기일에 하는 것이 원칙이고, 특별한 사정이 있는 때에는 변론종결 후 14일 이내로 지정하도록 규정되어 있다. 실무적으로 쟁점 정리 및 판결문 작성 등을 위하여 판결선고기일이 따로 지정되는 것이 대부분이다.

2. 공판절차 통역사례[8]

한국어		中文	
I. 모두절차			
〔재판부의 입정 및 개정선언〕			
법원 경위	(자리에서 일어나 방청석을 둘러보며) 곧 재판이 시작됩니다. 법정 내에 계신 모든 분들은 휴대전화를 꺼 주시고 재판 중에는 조용히 해 주시기 바랍니다.	法警	马上就要开庭了。法庭内所有人员请关机，在审判过程中请大家保持安静。
	(재판장이 입장한다) 모두 일어서 주십시오.		请全体起立。
	(재판장이 입장하여 법대에		请坐下。

---

8) 이 시나리오는 2015년 대법원 사법정책연구원에서 발행한 『국민과 함께하는 모의재판 실시 방안에 관한 연구』에 수록된 "청각장애인 절도공범 사건"을 각색하여 구성하였다. 내용은 비교적 단순하지만 형사재판에 관한 추상적인 설명보다 구체적인 사례를 통하여 간접적으로 체험하는 것이 재판절차를 이해하는데 더 효과적일 것이다.

	선 후 방청석을 향하여 고개를 살짝 숙여 인사하고 자리에 앉는다) 모두 앉아 주십시오.		
재판장	지금부터 ○○법원 형사○○단독 오전 재판을 시작하겠습니다. 2014고단1000호 피고인○○○.	審判長	现在开庭审理某某法院刑事某某独审的上午审判。2014独审1000号被告人崔某某。
〔통역인 선서〕			
재판장	먼저 피고인은 중국인입니다. 따라서 통역인이 통역을 담당하겠습니다. 통역인은 증인석으로 나와 주십시오. (인적사항 확인을 위하여 통역인이 신분증을 제시한다) 통역인 권○○ 씨가 맞습니까?	審判長	首先，被告人是中国人。因此需要中文翻译。请翻译人员站到证人席上。

你是翻译人员权某某，是吗？ |
통역인	예. 맞습니다.	翻译	是的。
재판장	통역인은 성실히 통역에 임해 주시기 바랍니다. 선서서대로 선서하십시오.	審判長	请翻译人员诚实地翻译。根据宣誓书的内容，请宣誓。
통역인	(선서하고, 선서서에 서명한다) 양심에 따라 숨김과 보탬이 없이 사실 그대로 통역하고, 만일 거짓이 있으면 허위통역의 벌을 받기로 맹세합니다.	翻译	我以我的良心宣誓，保证如实翻译，毫无隐瞒，如果提供了虚假事实，我愿意承担虚假翻译的法律责任。
〔출석확인〕			
재판장	피고인 최○○, 출석하였습니까?	審判長	被告人崔某某，到庭了吗？

피고인	(자리에서 일어서서) 예.	被告人	到。
재판장	문〇〇 검사, 나오셨습니까?	审判长	文某某检察官，到庭了吗？
검사	예.	检察官	到。
재판장	김〇〇 변호인, 나오셨습니까?	审判长	辩护人金某某，到庭了吗？
변호인	예.	辩护人	到。

〔진술거부권 고지〕

재판장	피고인은 이 재판 진행 중에 진술을 하지 아니하거나 개개의 질문에 대하여 진술을 거부할 수 있고, 언제든지 유리한 진술을 할 수 있습니다. 아시겠습니까?	审判长	被告人在审判过程中可以拒不陈述，或对各个提问拒不回答，随时可以进行有利于被告人的陈述。明白了吗？
피고인	예.	被告人	明白。

〔인정신문〕

재판장	피고인의 이름은 무엇입니까?	审判长	被告人的姓名是什么？
피고인	최〇〇입니다.	被告人	我叫崔某某。
재판장	생년월일은 어떻게 됩니까?	审判长	出生年月日是多少？
피고인	1995년 1월 1일입니다.	被告人	1995年1月1日。
재판장	국적은 어디입니까?	审判长	国籍是什么？
피고인	중국입니다.	被告人	是中国。
재판장	한국 내 사는 곳은 어디입니까?	审判长	被告人韩国境内的住址在哪儿？
피고인	부산 〇〇구 〇〇동 〇〇대학교 기숙사입니다.	被告人	在釜山某某区某某洞某某大学宿舍。
재판장	중국 내 주소는 어디입니까?	审判长	中国的住址在哪儿？
피고인	중국 산동성 칭다오시 이창구 헤이룽장로 123호입니다.	被告人	中国山东省青岛市李沧区黑龙江中路123号。
재판장	직업은 무엇입니까?	审判长	职业是什么？

피고인	대학생입니다.	被告人	是大学生。

〔주소변동보고의무 고지〕

재판장	피고인은 주소가 바뀐 경우에는 바로 법원에 신고하여야 합니다. 피고인이 바뀐 주소를 신고하지 않아서 피고인의 주소가 확인되지 않는 경우에는 피고인의 출석 없이 재판할 수도 있습니다. 알겠습니까?	审判长	如果被告人住址有变动，应通知法院。如果被告人没有申报变更住址而没能确认被告人的住址时，很可能在被告人不出庭的情况下进行审判。知道了吗？
피고인	예.	被告人	知道了。
재판장	자리에 앉아 주십시오. (피고인은 자리에 앉는다)	审判长	请坐。

〔검사의 모두진술〕

재판장	검사는 공소요지를 진술해 주세요.	审判长	检方，请陈述起诉要点。
검사	(자리에서 일어서서) 피고인은 성명불상의 20대 초반 남자와 남의 물건을 훔치기로 공모하였습니다. 2011년 8월 1일 저녁 6시경 부산 ○○구 ○○동 소재 롯데마트에서 성명불상의 20대 남자가 손님이 많은 혼잡한 틈을 이용하여, 피해자 박○○가 한눈을 파는 사이에 그녀의 쇼핑카트 안에 있던 루이뷔통 가방을 몰래 가져갔습니다. 그리고 그	检察官	被告人与20岁出头的姓名不详男子同谋偷窃他人物品。2011年8月1日晚6点左右，在釜山某某区某某洞的乐天玛特，趁顾客较多的混乱之机，在被害人朴某某一时走神的时候，20多岁姓名不详男子偷偷拿走了她购物车里的路易威登皮包。然后把那个皮包交给了超市里早已等候的被告人，就逃走了。他的行为触犯了《刑法》第329

	마트 안에서 미리 대기하고 있던 피고인에게 피해자의 루이뷔통 가방을 건네주고 도주하였습니다. 이에 검사는 피고인에 대하여 형법 제329조, 제30조의 절도죄의 공동정범으로 공소를 제기하였습니다. (자리에 앉는다)		条和第30条的规定，构成盗窃罪的共同正犯。检方对此提起公诉。
〔피고인의 모두진술〕			
재판장	피고인은 공소장 부본을 받아보았습니까?	审判长	被告人，您是否收到了起诉书的副本？
피고인	예, 받았습니다.	被告人	收到了。
재판장	피고인은 공소사실을 인정합니까?	审判长	被告人，您是否承认公诉事实？
피고인	절대로 인정할 수 없습니다. 저는 남의 물건을 훔친 적이 없습니다. 재판장님, 정말 억울합니다.	被告人	绝对不承认。我从来没偷过别人的东西。审判长，我真的很委屈。
〔변호인의 의견진술〕			
재판장	변호인도 의견을 말씀하시겠습니까?	审判长	辩护人也有辩护意见吗？
변호인	예. 피고인은 피해자에 의하여 이 사건 범행을 저지른 범인으로 지목되어 오늘 이 법정에 서게 되었습니다. 하지만 피고인은 피해자의 가방을 훔친 사실이 없습니다. 피해자는 피고인	辩护人	有。被害人将被告人认定为该案件的罪犯，因此今天被告人到了法庭。但是，被告没有偷过被害人的皮包。被害人把被告人误认为是该案件的罪犯。被告人是无罪的。

	을 이 사건 범행을 저지른 범인으로 착각하고 있습니다. 피고인은 무죄입니다.		

〔쟁점정리〕

재판장	피고인은 성명불상의 남자와 공모하여 피해자의 가방을 훔치지 않았다고 주장하고 있습니다. 그렇다면 피고인이 성명불상의 20대 남자와 절도를 공모하였는지가 이 사건의 쟁점입니다.	审判长	被告人否认自己与姓名不详的男子同谋偷窃被害人的皮包。那么，该案件的争议焦点是被告人是否与姓名不详的20多岁男子同谋偷窃的事实。

Ⅱ. 증거조사

재판장	지금부터 증거조사를 시작하겠습니다. 검찰 측과 피고인 측은 증거를 신청해 주십시오.	审判长	现在开始证据调查。首先，请检方和被告人方申请证据。
검사	피해자 박○○ 씨를 증인으로 신청하고, 당일 마트에서 촬영된 CCTV 화면사진과 피고인의 쇼핑카트에 담겨 있던 피해자의 루이뷔통 가방을 증거로 신청합니다.	检察官	检方请求被害人朴某某出庭作证，并且申请把当天在超市里拍摄的监控象像和放在被告人的购物车里的被害人所有的路易威登皮包作为证据。
변호인	마트 종업원인 김○○ 씨를 증인으로 신청합니다.	辩护人	辩护人请求超市服务员金某某出庭作证。
재판장	쌍방, 상대방이 신청한 증거에 대하여 의견이 있나요?	审判长	控辩双方对对方申请的证据有无异议?
쌍방	(모두) 없습니다.	双方	没有。
재판장	그럼 쌍방이 신청한 모든 증거를 채택하고, 증거조사를 실시하겠습니다.	审判长	那么，本庭采纳控辩双方申请的全部证据，并进行证据调查。

〔CCTV 화면사진과 가방에 대한 증거조사〕			
재판장	먼저, 검찰 측이 증거로 신청한 CCTV 화면사진과 피고인의 쇼핑카트에 담겨 있던 피해자의 루이뷔통 가방에 대한 증거조사를 하겠습니다.	審判長	首先，本庭将对检方作为证据申请的监控录像和放在被告人的购物车里的被害人所有的路易威登皮包进行证据调查。
검사	(CCTV 화면사진을 실물화상기에 놓고 이를 제시한다) 이 CCTV 화면사진은 사건 발생 당일 절도범인 20대 남자가 피고인의 쇼핑카트 옆에서 피고인에게 이야기하는 장면을 찍은 CCTV 화면을 캡처한 사진입니다. 이 사진을 보면 피고인과 그 남자가 서로 아는 사이인 것처럼 대화를 나누고 있는 것을 알 수 있습니다.	檢察官	此监控录像是案发当天20多岁男子在被告人的购物车旁跟被告人说话的场面截图。从这张截图可以看出，被告人和该男子之前已经互相认识一样的在聊天。
재판장	피고인 측의 이에 대한 의견은 어떻습니까?	審判長	被告人方对此有何意见？
변호인	검찰 측의 주장은 사실이 아닙니다. 피고인은 그 남자가 피고인의 옆에 있는 것을 알지 못했고, 그 남자가 피고인에게 무엇인지 물어보았지만, 피고인이 중국인이라 무엇을 묻는 것인지도 알지 못하였습니다. 피	辯護人	检方的主张并非事实。被告人并不知道该男子在被告人的旁边，那个男子问了被告人什么，但是因为被告人是中国人，并不知道他在问什么。被告人完全不认识那个男子，那天是第一次见到的。而且仅

	고인은 그 남자를 전혀 모르고, 그날 처음 보았습니다. 그리고 그 사진만으로 피고인이 그 남자와 전부터 알던 사이라고도 단정할 수 없습니다.		凭这张截图也不能断定被告人和那个男子是以前互相认识的关系。
검사	(피고인에게 루이뷔통 가방을 보여주고, 재판장에게 제출한다) 이것은 피해자가 마트에서 도둑맞은 가방으로 피고인의 쇼핑카트 안에서 발견되었습니다. CCTV 화면사진과 피고인의 쇼핑카트 안에서 발견된 이 가방만 보더라도 피고인이 성명불상의 남자와 절도를 공모한 것이 틀림없습니다.	检察官	这是被害人在超市里被盗的皮包，在被告人的购物车里被发现的。仅从监控录像和被害人的皮包在被告人的购物车里被发现的事实可以断定，被告人和姓名不详的男子共谋盗窃的。
재판장	피고인 측의 이에 대한 의견이 어떻습니까?	审判长	被告人对此有何意见？
변호인	그날 너무 갑작스럽게 일어난 일이라서 피고인도 어떻게 해서 피해자의 가방이 피고인의 쇼핑카트에 들어있었는지 모릅니다. 성명불상의 남자가 급히 도망가다가, 피고인의 쇼핑카트에 던지고 간 것 같습니다. 피고인이 훔친 것이 절대 아	辩护人	因为那天事情发生得太突然了，所以被告人也不知道被害人的皮包怎么会放进被告人的购物车里。姓名不详的男子急着逃走时，好像把被害人的皮包扔进被告人的购物车里。绝对不是被告人偷的。

	닙니다.		
〔증인의 동일성 확인〕			
재판장	다음으로, 검찰과 피고인 측이 신청한 증인들을 신문하겠습니다. 검찰 측 증인 박○○ 씨, 피고인 측 증인 김○○ 씨 증인석으로 나와 주십시오.	審判長	现在本院询问检方和被告人方申请的证人。请检方的证人朴某某和被告人方的证人金某某站到证人席上。
	(이때 사무관은 증인들의 신분증을 받아 재판장에게 건네주고, 재판장은 증인의 인적사항, 성명을 확인한다) 박○○, 김○○ 씨가 맞습니까?		朴某某，金某某，是吗?
증인들	예.	证人们	是。
〔위증의 벌 경고 등〕			
재판장	증인의 증언으로 인하여 증인 본인이나 증인과 친인척 관계에 있는 사람이 형사처벌을 받을 염려가 있는 경우에는 증언을 거부할 수 있습니다. 또 증인이 선서를 한 후 개별적인 질문사항에 대해서도 같은 이유로 증언을 거부할 수 있습니다. 그리고 선서한 후 거짓말을 하면 위증죄로 처벌받게 됩니다. 증인들에게 이 사건에서 증언을 거부할 사	審判長	如证人担心因证言导致证人自己或证人的亲戚受到刑事处罚，可以拒绝作证。此外，证人宣誓后对个别的询问可以因同样的理由拒绝作证。如果您进行证人宣誓后，有意作假证会被判处伪证罪，受到处罚。各位证人们在该案件中有无拒绝作证的理由?

	유가 있습니까?		
증인들	(모두) 없습니다.	证人们	没有。
〔증인선서〕			
재판장	이제 선서를 하겠습니다. 박○○, 김○○ 증인은 오른손을 드시고, 선서서는 박○○ 증인이 대표로 낭독해 주십시오.	审判长	现在开始宣誓。朴某某，金某某证人请举右手，由朴某某证人代表朗读宣誓书。
증인들	(선서서에 따라 선서하고, 서명한다) 양심에 따라 숨김과 보탬이 없이 사실 그대로 말하고 만일 거짓말이 있으면 위증의 벌을 받기로 맹세합니다. 증인 박○○, 증인 김○○. (선서가 끝나는 동시에 각자 이름을 말한 후 오른손을 내린다)	证人们	我以我的良心宣誓，保证如实陈述，毫无隐瞒，如果提供了虚假事实，我愿意承担作伪证的法律责任。证人朴某某，证人金某某。
재판장	먼저, 검찰 측 신청 증인인 박○○ 씨부터 신문하겠습니다. 박○○ 증인은 증인석에 앉으시고, 김○○ 증인은 법원경위의 안내에 따라 잠시 증인 대기실에서 기다려 주시기 바랍니다. (증인 박○○은 증인석에 앉고, 김○○ 증인은 법원경위의 안내를 받아 증인 대기실로 나간다)	审判长	首先，对检方申请的证人朴某某进行询问。请证人朴某某坐在证人席上，请证人金某某在法警的带领下到证人休息室里等待出庭。

〔증인 박○○에 대한 신문〕			
재판장	검사는 신문하십시오.	审判长	检方，现在可以询问了。
검사	증인은 가방이 없어진 것을 어떻게 알게 되었습니까?	检察官	证人怎么发现皮包不见了呢？
증인	그날 제가 저녁 반찬거리를 준비하려고 롯데마트에서 콩나물을 고르고 있었습니다. 마침 할인기간이라서 마트에는 물건을 사려는 사람들로 붐비고 있었고, 특히 제가 있었던 야채코너에는 반값으로 채소를 할인하여 사람들이 더 붐비고 있었습니다. 그런데 제가 콩나물을 골라 쇼핑카트에 넣으려고 하는데, 카트에 넣어둔 제 루이뷔통 가방이 없어진 것을 알게 되었습니다. 그래서 "도둑이야"라고 소리치자, 마트 내 종업원들이 달려왔습니다.	证人	那天我为了准备晚饭，在乐天玛特里正在挑选着豆芽。正好是打折促销期间，超市里挤满了买东西的人，尤其是我在的蔬菜区有半价折扣活动，所以特别拥挤。我正要把选好的豆芽放进购物车里，突然发现放在购物车里的路易威登皮包不见了。于是，我就大喊"抓贼啊"，超市里的服务员纷纷跑过来了。
검사	그래서 어떻게 하였습니까?	检察官	然后你是怎样做的呢？
증인	종업원에게 없어진 루이뷔통 가방의 특징을 이야기하였습니다. 그러자, 종업원들이 마트 안을 살펴보기 시작했습니다. 얼마 지나지 않아 어떤 종업원이 젊은 남자의 카트 안에 있는 가	证人	我跟服务员讲了丢失的路易威登皮包的特点。于是服务员们开始在超市里查看。没过多久，一名服务员让我确认一个年轻男子购物车里的皮包是不是我的。确认后发现那个皮包

	방이 제 가방인지 확인해 달라고 하였습니다. 그래서 확인해보니, 제 가방이 틀림없었습니다. 그래서 그 남자를 범인으로 지목하였고, 종업원이 112로 신고를 해서 경찰관이 출동하여 그 남자를 경찰서로 데리고 갔습니다.		确实是我的。于是我把那个男子指定为罪犯, 该服务员拨打报警电话112, 然后警察到达现场, 把那个男子带到警察局去了。
검사	지금 이 법정에 그때 증인이 본 남자가 있습니까?	检察官	现在在这个法庭内有当时证人看到的那个男子吗?
증인	예, (피고인을 가리키며) 피고인석에 있는 피고인이 그때 그 남자입니다.	证人	有, 现坐在被告人席上的被告人就是当时我看到的那个男子。
검사	증인은 어떤 근거로 피고인이 증인의 가방을 훔쳤다고 보는가요?	检察官	证人凭什么认为被告人偷了证人的皮包呢?
증인	제 없어진 가방이 피고인의 쇼핑카트 안에 있었고, 나중에 마트 안을 촬영한 CCTV를 보니, 제 가방을 훔친 남자가 피고인과 이야기하는 장면이 있었고, 그 남자가 제 가방을 피고인의 쇼핑카트에 넣은 것을 보니, 피고인이 그 남자와 한 패라고 생각합니다.	证人	我丢失的皮包就在被告人的购物车里, 并且从超市里的监控录像看到偷我皮包的男子跟被告人讲话的场景, 并且看到那个男子把我的皮包放到被告人的购物车里, 我觉得被告人和那个男子是一伙儿的。
검사	증인은 피고인의 처벌을 원하는가요?	检察官	证人希望被告人受到处罚吗?

증인	당시 놀란 상황을 생각하면 피고인이 엄벌을 받아야 마땅하다고 생각하지만, 제 가방도 되찾았고, 나중에 알고 보니 피고인이 중국 유학생이라는 것을 알게 되었습니다. 젊은 사람의 장래를 생각하여 선처를 바랍니다.	证人	考虑到当时我受惊吓的情况，被告人应该受到严惩，但是我已找到了皮包，后来我才知道被告人原来是中国留学生。考虑到年轻人的将来，希望对被告人从轻处罚。
검사	이상입니다.	检察官	发问完毕。
재판장	변호인은 반대신문하십시오.	审判长	辩护人，可以交叉询问了。
변호인	증인은 무슨 근거로 증인의 가방이 피고인 쇼핑카트 안에 있었던 것만으로 피고인을 범인이라고 단정지을 수 있나요?	辩护人	证人根据什么依据，仅凭证人的皮包在被告人的购物车里，断定被告人就是罪犯?
증인	제 가방이 피고인의 쇼핑카트 안에 있을 이유가 없지 않습니까? 분명히 CCTV에 찍힌 대로 제 가방을 훔친 남자와 짜고 훔친 것이 틀림없습니다.	证人	我的皮包没理由在被告人的购物车里吧？ 根据监控象像，被告人明明是跟那个男子同谋偷了我的皮包。
변호인	증인의 가방을 훔친 도둑이 급하니까 피고인의 쇼핑카트에 넣을 수도 있지 않나요?	辩护人	偷证人皮包的小偷因为着急，有可能会把皮包放进被告人的购物车里吧？
증인	도둑이 왜 훔친 물건을 다른 사람의 쇼핑카트 안에 넣습니까? 거짓말입니다.	证人	小偷为什么把偷来的东西放到别人的购物车里呢？这是谎言。
변호인	증인은 직접 목격한 것은	辩护人	不是证人亲眼目睹的，而

	아니고, CCTV 사진을 보고 추측한 것이지요?		是根据监控录像推测出来的吧?
증인	직접 목격하지는 않았더라도 CCTV 사진을 보면 일행이 아니고서는 가방을 피고인에게 건네줄 리 없다고 생각합니다.	证人	即使我没有亲眼目睹，但是从监控录像中可以推测，假如他们不是一伙儿，那个男子就不会把皮包交给被告人。
변호인	당시 마트에는 손님들이 많이 있었지요?	辩护人	当时超市里有很多顾客吧?
증인	예, 그날 할인판매를 한다고 마트 안에는 손님들로 붐볐고, 특히 야채매장에는 반값떨이를 한다고 하여 손님들이 가장 많았습니다.	证人	是的。那天超市实行打折促销活动，挤满了顾客，尤其是在蔬菜区有半价折扣活动，所以顾客最多了。
변호인	증인은 없어진 가방을 발견하고, 피고인에게 뭐라고 하였습니까?	辩护人	证人发现丢失的皮包以后，跟被告人说了什么?
증인	제가 왜 남의 가방을 훔쳐갔느냐고 소리쳤는데 피고인은 외국어로 뭐하고 했습니다. 알고 보니 중국인이었습니다.	证人	我就喊为什么偷别人的皮包，被告人用外语说了些什么。我才知道原来他是中国人。
변호인	당시 피고인의 쇼핑카트 안에는 무엇이 있었나요?	辩护人	当时被告人的购物车里面有什么东西呢?
증인	맥주, 소주, 삼겹살, 야채 등이 있었고, 그 위에 제 루이뷔통 가방이 있었습니다.	证人	有啤酒、烧酒、五花肉、蔬菜等，上面放着我的路易威登皮包。
변호인	피고인이 그 남자와 공모하	辩护人	如果被告人和那个男子同

	여 가방을 건네받았다면, 다른 사람이 보이지 않게 숨겨야 되는 게 정상 아닌가요?		谋转接到皮包的话，那应该把皮包藏在不显眼的地方吧？
증인	그렇긴 하겠는데 아마 종업원들이 피고인을 금방 찾았기 때문에 숨길 시간이 없었을 것입니다.	证人	那倒是。但是因为服务员很快就找到了被告人，所以很可能没有时间隐藏。
변호인	그것도 추측에 불과한 것이지요?	辩护人	这也不过是你的推测而已吧？
증인	예, 그렇습니다.	证人	是的。
변호인	증인의 가방 속에 있던 물건 중 없어진 것이 있나요?	辩护人	证人皮包里面的东西有没有丢失的？
증인	신용카드 2개와 10만원권 지폐 3장이 있는 지갑이 들어있었는데, 다행히 없어진 것은 없었습니다.	证人	我的钱包里，有两张信用卡和三张十万元纸币，幸好没有丢失的。
변호인	피고인은 몇 개월 전 유학 온 중국인이고, 그날 손님이 많은 마트 안에서 쇼핑카트를 밀고 다니면서 쇼핑을 하고 있었습니다. 만약 피고인이 그 남자와 물건을 훔치기로 공모하고, 그 남자가 훔친 물건을 피고인의 쇼핑카트 안에 넣었다면 피고인의 당시 상황으로 보아 쉽게 도망가지 못하고, 금방 가방을 훔친 것이 탄로	辩护人	被告人是几个月前来留学的中国人，那天在顾客较多的超市里一边推着购物车一边在购物。如果被告人和那个男子同谋偷窃东西，并且将偷来的东西放在被告人的购物车里的话，根据当时的情况被告人就不好逃走，偷窃皮包的事情很快就会暴露。即便如此，证人仍然认为被告人是罪犯吗？

	났을 것입니다. 그런데도 증인은 아직도 피고인이 범인이라고 생각하나요?		
증인	예, 틀림없는 범인이라고 생각합니다.	证人	是的，我肯定罪犯就是他。
변호인	이상입니다.	辩护人	发问完毕。
재판장	검사는 증인에게 더 물어볼 것이 있으신가요?	审判长	检方还有什么需要再询问的吗?
검사	없습니다.	检察官	没有。
재판장	변호인은 증인에게 더 물어볼 것이 있으신가요?	审判长	辩护人还有什么需要再询问的吗?
변호인	없습니다.	辩护人	没有。
재판장	이상으로 박○○ 증인에 대한 신문을 마치겠습니다. 증인은 돌아가셔도 좋습니다. 다음은 피고인 측 증인 김○○ 씨를 신문하겠습니다. (증인 박○○은 방청석에 가서 앉고, 증인 김○○는 법원경위의 안내를 받아 법정 안에 들어온 다음 증인석에 앉는다)	审判长	以上对证人朴某某询问完毕。证人可以退庭。下面，对被告人方申请的证人金某某进行询问。
〔증인 김○○에 대한 신문〕			
재판장	변호인은 신문하십시오.	审判长	辩护人，现在可以询问了。
변호인	증인의 직업은 무엇입니까?	辩护人	证人的职业是什么?
증인	1년 전부터 부산 ○○구 ○○동 롯데마트에서 과일코너 종업원으로 근무하고 있습니다.	证人	我从一年前开始在釜山某某区某某洞的乐天玛特里负责水果区的服务员。

변호인	증인은 피고인을 이 사건 전부터 알고 있었습니까?	辩护人	证人在这起案子之前就认识被告人吗？
증인	예. 피고인은 종종 제가 일하는 과일코너에 들르곤 했는데, 제가 처음으로 인사를 건네자 우리말이 많이 서툴렀습니다. 그래서 제가 물어보니 피고인은 한국에 온지 얼마 안 된 중국유학생이라고 하였습니다. 제가 예전에 중국어를 배운 적이 있어서, 그 뒤로 피고인이 마트에 물건을 사러오면 저하고 중국어로 간단한 대화를 주고 받았습니다.	证人	认识。被告人经常光顾我工作的水果区，我第一次跟他打招呼的时候，发现他的韩语比较生硬。所以我就问他，他说他是来韩国不久的中国留学生。恰好我以前学过汉语，从那以后被告人来超市买东西，就和我用汉语进行了简单的对话。
변호인	피고인은 마트에 올 때 항상 혼자 왔나요?	辩护人	被告人来超市的时候，总是一个人来了吗？
증인	아닙니다. 주로 혼자 왔지만, 중국 친구들과 같이 올 때도 있었습니다.	证人	不是的。经常是自己一个人来，偶尔也会和中国朋友们一起来。
변호인	사건 당일에도 피고인을 본 적이 있습니까?	辩护人	案发当天，证人也见过被告人吗？
증인	예, 피고인이 마트에 오면 항상 과일코너에 들러 저한테 인사를 하는데, 그날도 마찬가지였습니다.	证人	见过。被告人一来超市，就会经常到水果区跟我打个招呼，那天也是。
변호인	피고인이 증인한테 왔을 때 피고인의 기분은 어때 보였습니까?	辩护人	被告人到证人旁边的时候，你感觉被告人的情绪怎样？

증인	피고인은 항상 웃는 얼굴이었고, 저도 평소 피고인의 밝은 모습이 보기 좋았습니다. 사건 당일도 항상 그랬 듯이 피고인은 웃는 얼굴이었고, 기분도 좋아 보였습니다.	证人	被告人总是面带笑容，而且平时我也很欣赏被告人开朗的性格。案发当天，被告人也是面带笑容，看上去心情也不错。
변호인	당시 피고인의 표정에 당황하는 기색은 없었나요?	辩护人	当时被告人的表情有惊慌的神色吗？
증인	없었습니다. 그런 표정은 전혀 느끼지 못했습니다.	证人	没有。我完全没有发现那种表情。
변호인	그때 피고인 이외에 피고인 일행이 있었습니까?	辩护人	当时被告人有没有一起来的人？
증인	없었습니다.	证人	没有。
변호인	(증인에게 CCTV 화면사진을 실물화상기로 제시하며) 증인은 이 사진에서 피고인 옆에 있는 남자를 본 적이 있습니까?	辩护人	证人见过这张照片里被告人旁边的男子吗？
증인	아니요. 오늘 처음 보는 얼굴입니다.	证人	没有。今天头一次见到的。
변호인	이상입니다.	辩护人	发问完毕。
재판장	검사는 반대신문하십시오.	审判长	检方，现在可以交叉询问了。
검사	사건 당일 증인이 피고인과 같이 있던 시간은 얼마나 됩니까?	检察官	案发当天证人跟被告人在一起的时间有多长？
증인	그 날 할인판매기간이라 손님들이 많아서 피고인과는	证人	那天是打折促销期间，挤满了顾客。所以跟被告人

	중국어로 간단한 대화만 하였고, 길어야 30초 정도밖에 같이 있지 않았습니다.		用汉语进行了简单的对话，最多也就30秒左右。
검사	증인은 피해자가 "도둑이야!"라고 소리치는 것을 들었습니까?	检察官	证人有没有听见被害人喊"抓贼啊!"的声音?
증인	예, 목소리가 아주 커서 아마도 마트에 있는 사람들이 모두 들었을 것입니다.	证人	听见了，因为声音很大，恐怕超市里的人都听见了。
검사	그 소리를 듣고 어떻게 하였나요?	检察官	听到那个声音以后你怎么做的呢?
증인	다른 종업원들과 함께 피해자의 가방을 찾으러 다녔는데, 얼마 뒤에 어떤 종업원이 가방을 찾았다고 해서 가보니 피고인의 쇼핑카트 안에 그 가방이 있었습니다. 저도 당황하여 피고인에게 어떻게 된 것인지 묻자, 피고인은 자기도 모른다고 하였습니다.	证人	我和其他服务员一起去找被害人的皮包，过了一会儿说有一名服务员找到了皮包，我过去发现原来那个皮包就在被告人的购物车里。我也有点惊讶，就问被告人这是怎么回事，被告人说自己也不知道。
검사	증인이 피고인과 인사한 후 피고인의 쇼핑카트 안에서 피해자의 가방이 발견되기 전까지 시간이 얼마나 되었습니까?	检察官	从证人跟被告人打完招呼到被告人的购物车里发现被害人的皮包，过了多长时间?
증인	약 20여 분 정도 되었습니다.	证人	大约20多分钟左右。
검사	그럼 증인은 그 20여 분 동	检察官	那么，在那20多分钟里证

	안 피고인을 본 적이 있는 가요?		人见到过被告人吗?
증인	아니요.	证人	没有。
검사	그렇다면 증인 그 20여 분 동안 피고인이 무엇을 했는지도 모르겠네요?	检察官	那么，证人你也不知道被告人在那20多分钟里做了什么?
증인	예, 그렇습니다.	证人	是的。
검사	증인이 사건 당일 피고인을 처음 보았을 때 마트 내의 상황은 어떠했나요?	检察官	案发当天证人第一次见到被告人的时候，超市里的情况怎样?
증인	당시는 저녁시간인 데다가 할인기간이라 마트가 많이 붐볐고, 제가 일하는 과일 코너에도 사람들이 많이 몰려 있어 아주 바빴습니다.	证人	那时因为是晚上，再加上是打折促销期间，所以挤满了顾客，我工作的水果区也聚集了很多人，简直忙得不可开交。
검사	그런 상황에서 증인이 피고인의 표정을 잘 볼 수 있었나요?	检察官	在那种情况下，证人能看清被告人的表情吗?
증인	그때 바빠서 피고인의 표정을 정확히 살피지는 못했지만, 피고인의 표정에서 당황하는 기색을 보지는 못했던 것으로 기억합니다.	证人	当时因为忙，没看清被告人的表情，可是我记得被告人的表情里没有慌张的神色。
검사	이상입니다.	检察官	发问完毕。
재판장	변호인은 증인에게 더 물어볼 것이 있으십니까?	审判长	辩护人还有什么需要再询问的吗?
변호인	없습니다.	辩护人	没有。
재판장	이상으로 김○○ 증인에 대한 신문을 마치겠습니다. 증인은 돌아가셔도 좋습니	审判长	以上对证人金某某询问完毕。证人可以退庭。

	다. (증인 김○○은 방청석에 가서 앉는다)		

Ⅲ. 피고인신문 및 최종변론

〔피고인신문〕

재판장	이상으로 증거조사절차를 마치고, 피고인신문을 하겠습니다. 피고인은 증인석으로 이동해 주시기 바랍니다. (피고인은 증인석에 앉는다)	審判長	证据调查程序到此结束, 现在对被告人进行讯问。 请被告人坐到证人席上。
	먼저, 검사 신문하십시오.		首先, 检方可以讯问了。
검사	(CCTV 화면사진을 실물화상기로 제시하며) 피고인, 이 사진을 보면, 피고인이 범인으로 지목된 남자와 짧지 않은 시간 동안 마트 안에서 나란히 이동하는 장면이 나오는데요? 맞습니까?	檢察官	被告人, 从这张监控象像可以看出, 在不短的时间里被告人与被指为罪犯的男子在超市里并肩移动的场景, 你看对吗?
피고인	예, 그렇게 보입니다.	被告人	对, 看起来是那样的。
검사	그리고 피고인과 그 남자가 이야기하는 장면이 나오지요?	檢察官	然后就是被告人和那个男子说话的场面, 是吗?
피고인	예, 그렇습니다.	被告人	是的。
검사	그런데도 피고인은 그 남자를 모른다고 부인하는 겁니까?	檢察官	尽管如此, 被告人还是否认不认识那个男子吗?
피고인	아닙니다. 저는 그 남자를 전혀 모릅니다. 당시에는 그 남자가 제 옆에서 있는 것조차 몰랐습니다.	被告人	不是。我压根就不认识那个男子。当时我根本不知道那个男子就在我旁边。

검사	그럼 피고인은 그 남자와 무슨 이야기를 하였나요?	檢察官	那么，被告人跟那个男子聊了什么？
피고인	그 남자가 저한테 말을 걸었지만, 제가 한국말이 서툴러서 무슨 말을 하는지 알 수가 없었습니다.	被告人	那个男子和我搭话，可是我不太懂韩语，所以我听不明白他在说什么。
검사	CCTV 화면을 분석한 결과, 피고인 옆에게 있던 그 남자가 피고인에게 말을 걸고 얼마 지나지 않아 피해자의 가방을 훔친 후 마트 입구 쪽으로 가다가, 피해자의 비명소리를 듣고 피고인의 쇼핑카트에 가방을 넣고 도주하는 장면이 있습니다. 그래도 피고인은 그 남자와 공모하여 가방을 훔친 것을 부인하는가요?	檢察官	通过分析监控录像，我们可以看到，被告人旁边的那个男子和被告人搭讪没多久，偷窃被害人的皮包后往超市门口方向走的时候，听到了被害人的尖叫声，于是就把皮包放入被告人的购物车里后就逃走的场面。尽管如此，被告人还是否认与那个男子同谋偷窃皮包的事实吗？
피고인	정말로 저는 억울합니다. 그 남자는 마트에서 처음 보았고, 그 남자가 제 옆에서 있는 것조차 몰랐습니다.	被告人	我真的很冤枉。我在超市头一次见那个男子，并且我不知道那个男子就在我旁边。
검사	이상입니다.	檢察官	发问完毕。
재판장	다음으로, 변호인 신문하세요.	審判長	现在，辩护人可以讯问了。
변호인	피고인은 피해자의 가방이 왜 피고인의 쇼핑카트 안에 넣어졌다고 생각하나요?	辯護人	被告人觉得为什么被害人的皮包会装在被告人的购物车里呢？
피고인	저도 잘 모르겠습니다. 제	被告人	我也不知道。我没偷东

	가 훔치지도 않았는데 저를 절도범으로 몰아붙이는 것이 정말 억울합니다. 저는 그 남자를 전혀 모릅니다.		西，却把我诬陷为盗窃犯，我真是冤枉啊！我完全不认识那个男子。
변호인	피고인은 자신의 카트에 다른 사람이 물건을 넣는 것을 왜 보지 못했는가요?	辩护人	被告人为什么没看到别人把东西装进你的购物车里呢？
피고인	당시 저는 싸고 좋은 물건을 고르는 것만 생각했지, 제 카트에 누가 물건을 넣는지 전혀 신경쓰지 않았습니다.	被告人	当时我只考虑如何挑选物美价廉的东西，所以完全没在意别人把东西放进我的购物车里。
변호인	종업원과 피해자가 피고인의 쇼핑카트 안에서 루이뷔통 가방을 발견하고 피고인을 다그쳤을 때 피고인은 물건을 훔친 것이 들켜 당황해 말을 하지 못한 것이 아니고, 피고인이 중국인이라서 그 사람들의 말을 알아듣지 못한 것이지요?	辩护人	服务员和被害人在被告人的购物车里发现路易威登皮包以后，他们追究被告人的时候，被告人不是因偷东西被发现而惊慌得说不出话来，而是因被告人是中国人，听不懂他们在说什么吧？
피고인	예, 피해자가 제 멱살과 머리카락을 잡고 그러는데 한동안 이유를 모르겠더라고요. 경찰관이 달려오고 제가 중국인이라고 하니까 그제야 제 멱살과 머리카락을 놓더라고요. 정말 억울합니다.	被告人	是的，被害人揪住了我的脖领和头发，我一时不知道为什么。警官赶过来时，我说我是中国人，被害人才放下了我的脖领和头发。我真的太冤枉。
변호인	수사받면서 불편한 점이	辩护人	你在接受侦查机关调查的

	나 억울한 점은 없었는가요?		时候，有没有感到不便或者委屈的地方？
피고인	제가 중국인이라서 제 의사를 경찰과 피해자에게 전달해줄 사람이 필요했는데, 당시 마트 측이나 경찰관이 통역인을 빨리 부르지 못한 것이 정말 답답했습니다.	被告人	因为我是中国人，所以需要有人帮我把我的意思转达给警察和被害人。当时超市和警察没能尽早联络翻译人员，这实在叫人郁闷。
변호인	이상입니다.	辩护人	发问完毕。
재판장	이것으로 피고인신문을 마치겠습니다.	审判长	被告人讯问完毕。
〔검사의 최종의견 진술〕			
재판장	검찰 측, 최종의견을 진술해 주십시오.	审判长	检方，请进行最后陈述。
검사	피해자의 가방을 훔친 20대 남자가 피고인과 이야기하는 장면이 찍힌 CCTV 화면 사진, 피해자의 자신감 있는 진술, 피고인의 쇼핑카트에서 발견된 피해자의 가방에 의하면, 피고인이 20대 남자와 공모하여 피해자의 가방을 훔쳤다는 공소사실은 충분히 입증되었습니다. 피고인이 범죄를 부인하고 개전의 정이 없지만, 피고인이 초범이고, 피해자의 가방이 반환되어 피해가 회복되었고, 피해자도 선처를	检察官	被告人跟偷包的那个20多岁男子说话的监控象像、被害人充满自信的陈述、在被告人的购物车里发现被害人的皮包，通过以上几个证据充分证明被告人和那个20多岁男子同谋偷窃被害人皮包的嫌疑。 虽然被告人否认罪行，并且没有悔改之心，但是出于被告人是初犯，而且被害人的皮包已返还，被害人也希望对被告人从轻处罚。考虑到这一点，请求法院判处被告人罚款300万

	바라고 있습니다. 이 점을 감안하여 피고인을 벌금 300만원에 처해 주시기 바랍니다.		韩元。
〔변호인의 최종의견 진술〕			
재판장	변호인, 최후변론을 해 주십시오.	审判长	辩护人，请做最终辩论。
변호인	당일 피고인은 친구들과 놀러가기 위해 먹을거리를 사러 마트에 갔지만, 절도범으로 오인받아 체포까지 당했습니다. 피고인은 카트 안에 피해자의 가방이 있는 줄 꿈에도 몰랐습니다. 변호인이 생각하기에 가방을 훔친 범인이 피해자의 비명소리에 놀라 피고인의 카트에 가방을 넣은 것 같습니다.	辩护人	当天，被告人为了和朋友一起出去玩儿，到超市买吃的，结果被误认为是盗窃犯，被逮捕。被告人做梦也没想到被害人的皮包会在被告人的购物车里。辩护人认为，偷包的罪犯被被害人的尖叫声吓得把皮包放进被告人的购物车里。
	검찰 측은 단지 피고인의 카트 안에 피해자 가방이 발견된 것만을 이유로 피고인을 절도죄의 공범으로 기소하였습니다. 피고인은 CCTV에 찍힌 피고인 옆에 있던 20대 남자를 전혀 모릅니다. 당시 마트에는 할인기간이라서 손님들이 붐비었습니다. 더군다나 피고인이 지나가던 야채코너에는 반값으로 채		检方仅凭被告人的购物车里发现被害人的皮包为由，以盗窃罪的共犯起诉了被告人。被告人压跟就不认识监控录像中被告人旁边的那个20多岁男子。当时超市实行打折促销活动，挤满了顾客。再加上被告人路过的蔬菜区有半价折扣活动，顾客突然蜂拥而来。仅凭监控录像把

	소를 할인하여 손님들이 갑자기 몰려들었습니다. 단지 CCTV 화면사진만으로 피고인을 절도죄의 공범으로 몰아붙이는 것은 잘못되었다고 생각합니다.		被告人逼成盗窃罪的共犯，我想这是错误的。
	피고인은 한국에 유학온 지 얼마 안 되는 중국인입니다. 당시 마트 현장과 파출소에서도 피고인의 의사를 제대로 표시할 수 없었습니다. 중국어통역을 할 줄 아는 사람이 없었기 때문입니다. 피고인이 이 사건 범행을 저질렀음을 인정할만한 다른 증거도 없습니다. 검사는 피고인이 이 사건 범행을 저질렀음을 증명하지 못하였습니다. 재판장님, 피고인에게 무죄를 선고해주시기 바랍니다.		被告人是来韩国留学不久的中国人。当时在超市现场和派出所没能正确地表达自己的想法，因为没有中文翻译。此外也没有其他证据证明被告人犯下了这一罪行。检察官未能证实被告人犯下此案。希望审判长给被告人宣判无罪。
〔피고인의 최종의견 진술〕			
재판장	피고인, 마지막으로 할 말이 있으면 하시기 바랍니다.	审判长	最后，被告人还有什么话要说?
피고인	정말 억울합니다. 저는 가방을 훔친 적이 없고, 피해자의 가방을 훔친 그 남자도 전혀 모릅니다. 저는 중국에서도 법을 어긴 적이	被告人	我太冤枉了。我没有偷过皮包，也不认识偷窃被害人皮包的那个男子。我在中国也没有违过法。我不知道为什么我要在这里接

	없습니다. 제가 왜 이 자리에서 재판을 받아야 하는지도 모르겠습니다. 저 같은 억울한 일을 당하는 외국인이 없기를 바랍니다.		受审判。我希望别再有像我这样受到委屈的外国人。
〔변론종결〕			
재판장	이상으로 이 사건 변론을 종결하겠습니다. 잠시 휴정 후 판결을 선고하겠습니다.	审判长	到此结束该案件的法庭辩论。暂时休庭后，宣告判决。
법원경위	모두 일어서 주십시오. (법정 내에 있는 사람들은 자리에서 일어나고, 재판장은 자리에서 일어나 퇴장한다)	法警	请全体起立。
Ⅳ. 판결선고			
〔재판부의 재입정〕			
법원경위	(자리에서 일어나 방청석을 둘러보며) 곧 재판이 시작됩니다. 법정 내에 계신 모든 분들은 휴대전화를 꺼 주시고, 재판 중에는 조용히 해 주시기 바랍니다.	法警	马上就要开庭了。法庭内所有人请关机，裁判中请保持安静。
	(재판장이 입장한다) 모두 일어서 주십시오.		请全体起立。
	(재판장이 입장하여 자리에 앉는다) 모두 앉아 주십시오.		请坐下。
〔판결선고〕			
재판장	지금부터 ○○지방법원 2014고단1000호 피고인 최○○	审判长	现在对某某地方法院2014独审1000号被告人崔某某

에 대한 절도사건의 판결을 선고하겠습니다. 피고인은 자리에서 일어서 주시기 바랍니다.		盗窃罪一案宣告判决。请被告人起立。
먼저 판결이유를 말씀드리겠습니다.		首先, 宣读审判理由。
(1) 형사재판에서 공소가 제기된 범죄사실에 대한 증명책임은 검사에게 있습니다. 또한, 유죄의 인정은 법관으로 하여금 합리적 의심의 여지가 없을 정도로 공소사실이 진실한 것이라는 확신을 가지게 하는 증명력을 가진 증거에 의하여야 하므로, 그와 같은 증거가 없다면, 설령 피고인에게 유죄의 의심이 간다 하더라도 피고인의 이익으로 판단할 수밖에 없습니다.		第一, 在刑事审判中, 对提起公诉的犯罪事实, 证明责任在检方。另外, 认定有罪必须依靠强有力的证据, 使法官排除合理怀疑地确信公诉事实属实。如果没有证据证明, 即使怀疑被告人有罪, 也只能以被告人的利益来判断。
(2) 피해자는 종업원이 피고인의 카트에서 자신의 가방을 발견했다는 말만 듣고 피고인을 범인으로 지목하였습니다. 또한 CCTV 화면으로 어떤 남자가 피고인의 카트에 피해자의 가방을 넣은 것을 보고 피고인이 그 남자와 공범이라고 생각한		第二, 被害人听到服务员在被告人的购物车里发现了自己的皮包, 并仅凭该事实把被告人指定为罪犯。另外, 被害人看到在监控象像中某个男子在被告人的购物车里放入被害人的皮包以后, 就认为被告人和那个男子是共犯。

다고 진술하였습니다.		
그러나 피해자의 이러한 주장은 추측에 불과합니다. 피해자는 피고인이 피해자의 가방을 훔치는 것을 목격한 적이 없고, 피고인의 카트에 피해자의 가방을 있었다는 사실만으로 피고인을 범인으로 지목하였습니다. 또한 피고인이 그 남자와 어떤 관계인지, 당시 어떤 말을 주고받았는지에 대한 증거는 전혀 없습니다. 그리고 CCTV 화면과 피해자 및 증인 김○○의 진술에서 알 수 있듯이 피해자의 가방을 최초 훔친 사람은 피고인의 카트에 가방을 넣은 20대 남자입니다.		但是被害人的这种主张只不过是推测而已。被害人没有亲眼看到被告人的盗窃行为，仅凭在被告人的购物车里放着被害人的皮包这一事实，就把被告人指定为罪犯。另外，根本没有证据表明被告人与该男子有何关系，以及当时他们说话的内容。在监控录像和被害人以及证人金某某的陈述中可以看出，最先盗窃被害人皮包的就是那个把皮包放入被告人购物车里的那个20多岁男子。
(3) 그러므로 그 20대 남자의 진술이 없는 상황에서 피고인이 이 사건의 공범이라는 주장은 합리적인 의심을 배제할 정도로 입증됐다고 보기 어렵습니다.		第三，在没有那个20多岁男子的陈述的情况下，关于被告人就是该案件的共犯这一主张，没有达到证据确实充分的标准，不能排除合理怀疑。
(4) 달리 이 사건 공소사실을 증명할만한 증거도 없습니다.		第四，除此之外，也没有证据证明该案件的公诉事实。
(5) 결국, 이 사건은 범죄사		第五，综合以上事实，该

	실의 증명이 없는 경우에 해당하므로 형사소송법 제325조 후단에 의하여 다음과 같이 선고합니다.		案件属于没有犯罪事实的证明。据此，根据《刑事诉讼法》第325条后段的规定，判决如下。
	"주문, 피고인은 무죄"		"被告人无罪"
	검사는 이 판결에 불복하는 경우 1주일 안에 항소할 수 있습니다.		检方如果对此判决不服，可以一周之内提起抗诉。
	이상으로 재판을 마치겠습니다.		现在宣布闭庭。
법원경위	모두 일어서 주십시오(재판장을 제외한 나머지 사람들은 자리에서 일어서고, 재판장은 법정 밖으로 나간다).	法警	请全体起立。

3. 공판절차 정형문언 통역

형사공판절차에서 정형적으로 사용되는 문구를 통역하면 다음과 같이 표현할 수 있다.

한국어	中文
피의자는 (구속영장청구서 기재 범죄사실) 혐의가 있는데, 증거를 인멸하거나 도망할 염려가 있다는 이유로 검사가 구속영장을 청구하였습니다.	嫌疑人(逮捕令申请书上记载的犯罪事实)有嫌疑，且有销毁证据或逃跑的可能性，所以检察官申请了逮捕令。
피의자는 어떤 경위로 체포되었습	嫌疑人为什么被捕?

니까?	
체포 당시 피의사실의 요지, 진술거부권, 변호인선임권에 대하여 고지받았습니까?	被捕时是否被告知了嫌疑事实的要点、沉默权及辩护人选任权?
피의자는 구속영장청구서에 기재된 범죄사실을 인정합니까?	嫌疑人是否承认逮捕令申请书上记载的犯罪事实?
피의자는 언제 무슨 목적으로 한국에 왔습니까?	嫌疑人何时以什么目的来韩国的?
피의자는 적법하게 한국에 머무를 자격을 가지고 있습니까?	嫌疑人在韩国有合法的居留资格吗?
피의자는 언제까지 한국에 머무를 예정입니까?	嫌疑人打算在韩国停留多久?
피의자는 언제부터 어떤 경위로 현 주거지에서 거주하게 되었습니까?	嫌疑人从什么时候开始、出于什么原因住在目前的住址?
한국에 살고 있는 피의자의 친척이 있습니까?	在韩国有嫌疑人的亲戚吗?
피의자가 이 법정에서 한 이야기와 수사기관에서 제출한 자료들을 살펴보고 구속영장 발부 여부를 결정하겠습니다. 만약 피의자가 구속되는 경우 다시 한 번 구속의 적부를 심사해 달라고 청구할 권리가 있습니다.	本庭将根据嫌疑人在本法庭上所作的陈述与侦查机关提出的有关资料，决定是否签逮捕令。如果嫌疑人被逮捕，有权申请重审。
피고인은 재판기일에는 항상 출석하여야 하고 재판 도중에 주소가 바뀌는 경우에는 법원에 신고하여야 합니다. 그렇지 않으면 피고인이 출석하지 않은 상태에서 재판이 진행되어 판결이 선고될 수 있으니 유의하시기 바랍니다.	被告人必须在审判日期出席，如果在审判过程中住址有变动，应通知法院。否则会在被告人不出庭的情况下进行审判并宣告判决，敬请注意。

검찰 측, 공소사실·죄명 및 적용법조를 낭독해 주시기 바랍니다(또는 "공소의 요지를 진술해 주시기 바랍니다.").	检方, 请朗读公诉事实、罪名以及适用法律条款。(或者"请对公诉要点作出陈述。")
피고인, 공소장을 받아보셨나요? 피고인 측은 공소사실에 대한 의견을 밝혀주시기 바랍니다. (또는 "피고인은 공소사실을 인정하나요?")	被告人, 接到起诉书了吗? 被告人方请对公诉事实提出意见。(或者"被告人, 您是否承认公诉事实?")
그러면 이 사건의 핵심 쟁점은 ~ (쟁점 사항)~ 라고 할 수 있는데, 이에 대한 양측의 주장과 증명계획은 어떠한가요?	那么, 此案件的核心焦点是~(争议焦点)~, 对此双方的主张和举证计划如何?
증거조사를 시작하겠습니다. 먼저 검찰 측은 증거를 신청하시기 바랍니다.	现在开始进行证据调查。首先, 请检方申请证据。
피고인 측은 검찰이 신청한 증거들에 대해 사전에 검토해 보셨지요? 검찰 측 증거에 대한 의견을 말씀하여 주시기 바랍니다.	被告人方是否提前审阅了检方申请的证据? 检方请对证据提出意见。
피고인은 검찰에서 사실대로 진술하고, 피고인이 진술한 대로 조서에 기재되었음을 확인한 후 서명하였나요?	被告人是否在检察机关作出了如实陈述, 并经确认陈述笔录符合被告人的陈述内容后签名?
피고인은 검찰에서 진술할 당시 고문을 당하거나 강압에 의하여 거짓으로 진술하였는가요?	被告人在检察机关作陈述时是否遭到刑讯逼供或被强迫作出虚假陈述?
피고인이 검사가 제출한 장○○에 대한 진술조서, 실황조사서, 검증조서를 증거로 사용하는 것에 동의하	如果被告人同意将检方提交的对张某某的陈述笔录、勘验笔录、鉴定笔录采纳作证据, 则该证据文件将

면 그 증거서류를 공소사실의 판단을 위하여 증거로 사용하게 됩니다. 만일 동의하지 않으면 대개 검사가 그 진술조서의 원래 진술자를 증인으로 신청하고 법정에서 증인의 진술을 듣게 됩니다. 피고인은 검찰 측에서 제출한 참고인들의 진술조서를 증거로 하는 데 동의하는가요? 또는 참고인들을 이 법정에 증인으로 소환하여 신문하기를 원하는가요?	被作为判断公诉事实的证据。如果被告人不同意，则一般情况下由检察官请求陈述笔录中的原陈述人出庭作证，并在法庭上听取证人的陈述。 被告人是否同意将检方提交的相关证人的陈述笔录作为证据？或者是否同意将这些相关证人传唤到庭进行询问？
피고인 측이 동의한 증거목록 순번 ○, ○, ○번의 증거는 채택하겠습니다. 피고인 측이 부동의한 증거는 증거목록 순번 ○, ○, ○번입니다. 검찰 측은 추가로 증거신청을 하시겠습니까?	本庭将采纳被告人方同意的证据目录循序○、○、○号的证据。被告人方不同意的证据是目录循序中○、○、○号。检方追加证据申请吗？
검찰에서 신청한 증인 박○○, 김○○을 채택하겠습니다.	本庭将采纳检方申请的证人朴某某和金某某。
채택한 증거서류와 증거물에 대한 증거조사를 하겠습니다.	本庭将对采纳的证据文件和物证进行证据调查。
검사는 제출된 증거서류를 낭독해 주시기 바랍니다(또는 "증거서류의 요지를 고지해 주시기 바랍니다." 또는 "증거조사는 열람에 의한 방법으로 하겠습니다.").	请检方朗读提交的证据文件。（或者"请告知证据文件的要点。"或"证据调查将采取阅览的方法。"）
검사는 증거물을 제시해 주시기 바랍니다.	检方，请提出物证。
증인 오○○에 대한 증인신문절차	审判长认可对证人吴某某的证人询

는 녹음이 필요하다고 인정하여 형사소송법 제56조의2 제1항에 따라 그 전부에 대하여 녹음을 명합니다. 증인신문 내용이 모두 녹음되니 발언을 하실 때 반드시 마이크에 대고 말씀해 주시기 바랍니다.	问程序需要录音，根据刑事诉讼法第56条之2第1款的规定，命令对全部证人询问过程进行录音。因为证人询问内容都将被录音，所以请对着麦克风发言。
증인은 증언으로 인하여 증인 본인 또는 증인과 친인척 관계에 있는 사람이 형사처벌을 받을 염려가 있는 경우나 증인이 업무상 알게 된 타인의 비밀에 관해서는 증언을 거부할 수 있습니다. 또 증인이 선서를 한 후 개별적인 신문사항에 대해서도 같은 이유로 증언을 거부할 수 있습니다.	如证人担心因证言导致证人自己或证人的亲戚受到刑事处罚，或者对于证人在工作中获知的他人的秘密内容可以拒绝作证。此外，证人宣誓后对个别的询问可以因同样的理由拒绝作证。
증인은 증인이 경험한 바를 사실 그대로 말하겠다는 선서를 하여 주시기 바랍니다. 만일 증인이 선서 후 경험하지 않은 사실을 경험한 것처럼 증언하거나 기억이 불분명한데도 기억이 명확한 것처럼 진술하는 등 거짓말을 하면 위증죄로 처벌받을 수 있습니다.	请证人宣誓关于您所经历的情况如实陈述。若证人宣誓后，做出对未经历的事实，陈述得好像经历过的事实一样，或者对记忆模糊的事实，做出好像记忆清晰的陈述等做假证时，会以伪证罪受到处罚。
증인이 지난 제2차 공판기일에서 한 선서의 효력이 아직 유지되므로, 만일 거짓을 말하면 위증죄로 처벌받을 수 있습니다.	证人在过去第二次审判日期所做的宣誓尚有效力，如做假证，会以伪证罪受到处罚。
"양심에 따라 숨김과 보탬이 없이 사실 그대로 말하고, 만일 거짓말이	"我以我的良心宣誓，如实陈述，如有虚假愿以伪证罪受到法律制

있으면 위증의 벌을 받기로 맹세합니다."	裁。"
검찰 측, 신문하시기 바랍니다.	检方，请做询问。
피고인 측, 반대신문하시기 바랍니다.	被告人方，请做交叉询问。
증거조사결과에 대하여 특별한 의견이나 이의가 있습니까?	对证据调查结果有没有特别的意见或异议？
피고인은 유리한 서류나 물건을 증거로 신청할 수 있고, 증인 그 밖에 증거를 신청할 수 있습니다. 신청할 증거가 있습니까?	被告人可以申请有利的文件或物品作为证据，也可以申请证人以外的证据。有没有证据要申请？
전에 고지한 바와 같이 피고인은 일체 진술을 하지 않거나 각각의 질문에 대하여 진술을 거부할 수 있고, 피고인에게 유리한 사실을 진술할 수 있습니다.	正如以前告知，被告人可以拒绝作出一切陈述，或对个别提问拒不回答，还可以陈述有利于被告人的事实。
피고인에 대하여 신문하시기 바랍니다.	请对被告人进行讯问。
검사로부터 공소장 변경 신청이 있습니다. 피고인은 공소장 변경신청서를 읽어보았습니까?	检方请求变更起诉书内容，被告人是否读完了起诉书的变更申请书？
검사의 공소장 변경에 대하여 의견이 있습니까?	对检方变更起诉书有没有意见？
검사의 공소장 변경을 허가합니다.	准许检方的变更起诉书申请。
공소사실 중 공소장 제2항 부분에 대하여는 검사의 공소취소가 있으므로 공소를 기각합니다.	因为在公诉事实中，对起诉书第二款，检方撤回了公诉，所以决定驳回公诉。
이 사건은 피고인이 공소사실을 자백하고 있으므로 간이공판절차에 회부하고자 합니다. 간이공판절차	因本案被告人供认公诉事实，所以适用简易审判程序。如适用简易审判程序进行审理，简易进行证据调

에 회부되면 증거조사가 간이하게 진행되고, 증거조사결과에 대하여도 피고인 측의 의견을 따로 묻지 않습니다.	查, 对证据调查结果无需讯问被告人一方的意见。
다음 기일에 증인신문을 하기 위하여 변론을 속행합니다. 다음기일은 ○월 ○일 ○시입니다.	下次庭审时为了进行证人询问, 故将继续辩论。下次庭审日期是○月○日○点。
○○○○년 ○월 ○일에 종결된 이 사건 변론을 재개합니다.	对于○○○○年○月○日结束的此案件重开辩论。
피고인 송○○에 대하여 변론을 분리합니다.	对被告人宋某某进行辩论分离。
피고인 권○○에 대한 변론분리결정을 취소합니다.	取消对被告人权某某的辩论分离决定。
○○고단○○호 사건을 본 사건에 병합합니다.	某某独审某某号案件与本案合并。
공판 개정 후 판사가 바뀌었으므로 그 동안 진행된 공판절차를 갱신하겠습니다.	公审开庭后, 审判部有变更, 因此将更新公审程序。
공판절차 갱신에 따른 증거조사를 하겠습니다. 검사, 피고인, 변호인(또는 소송관계인)이 동의하면 정식의 증거조사 방식인 제시, 낭독 또는 내용 고지, 열람이 아니라 갱신 전의 각 증거조사결과에 대한 중요한 사항의 요지를 공판조서에 의하여 고지하는 방법으로 증거조사를 할 수 있습니다. 동의하시겠습니까?	根据公审程序的更新, 将进行证据调查。若检方、被告人以及辩护人(或诉讼关系人)同意, 将不采取正式证据调查方式, 即提出、朗读或内容告知、阅览, 而是采用将更新前的各个证据调查结果中重要事项的要点通过公审笔录告知的方式进行证据调查, 您同意吗?
소송관계인의 동의가 있으므로 상	由于有诉讼关系人的同意, 将以相

당한 방법으로 증거조사를 하겠습니다.	应的方法进行证据调查。
(검사, 피고인 및 변호인에게) 종전의 변론 결과와 다른 점이 있거나 이의가 있으면 진술하십시오.	(对检察官、被告人及辩护人)对于之前的辩论结果有不同想法或存在异议，请进行陈述。
이상으로 공판절차 갱신에 따른 증거조사를 마치도록 하겠습니다.	与公审程序更新相关的证据调查到此结束。
검찰 측, 최종 의견 진술을 해주시기 바랍니다.	检方，请进行最后陈述。
피고인을 징역 ○년(또는 벌금 ○○원)에 처하여 주시기 바랍니다.	请求法院判处被告人有期徒刑○年(或罚款○○韩元)。
변호인은 최종 변론을 하시기 바랍니다.	辩护人，请做最终辩论。
피고인은 재판부에 대하여 마지막으로 할 말이 있으면 하시기 바랍니다.	最后，被告人对审判部还有什么话要说的吗?
이상으로 이 사건 변론을 마치겠습니다. 판결선고기일은 ○○○○년 ○월 ○일 ○시입니다.	到此结束该案件的法庭辩论。判决宣告之日为○○○○年○月○日○点。
피고인을 사형에 처한다.	判处被告人死刑。
피고인을 무기징역에 처한다.	判处被告人无期徒刑。
피고인을 징역(또는 금고) 1년에 처한다.	判处被告人有期徒刑(或监禁)一年。
피고인을 판시 제1죄에 대하여 징역 10월에, 판시 제2죄에 대하여 징역 6월에 각 처한다.	对判决开示的第1款罪行与第2款罪行分别判处被告人有期徒刑十个月和六个月。
피고인을 징역 장기 2년, 단기 1년에 처한다.	判处被告人长期两年、短期一年的有期徒刑。
피고인을 벌금 1,500,000원에 처한다.	对被告人处以150万韩元的罚款。
피고인을 구류 5일(또는 과료	判处被告人行政拘留五天(或处罚

10,000원)에 처한다.	款一万韩元)。
피고인이 위 벌금을 납입하지 아니하는 경우 100,000원을 1일로 환산한 기간 피고인을 노역장에 유치한다. 다만, 단수금액은 1일로 한다.	如被告人不缴纳上述罚款，则根据十万韩元折算一天的算法，判处被告人在折算期间内进行劳动改造。零头金额计算为一天。
피고인을 징역 1년 및 벌금 1,500,000원에 처한다.	判处被告人有期徒刑一年和罚款150万韩元。
피고인을 징역 1년에 처한다. 다만, 이 판결 확정일로부터 2년간 위 형의 집행을 유예한다.	判处被告人有期徒刑一年。只是从本判决的宣判之日起缓期两年执行。
피고인에 대하여 형의 선고를 유예한다.	被告人处以缓期宣判。
피고인에 대하여 보호관찰을 받을 것을 명한다.	命被告人接受保护观察(相当于中国的管制刑)。
피고인에 대하여 120시간의 사회봉사를 명한다.	命被告人120小时的公益服务。
피고인에 대하여 약물치료강의 40시간의 수강을 명한다.	命被告人听40小时的药物治疗课程。
피고인에 대하여 성폭력 치료 프로그램 40시간의 이수를 명한다.	命被告人接受40小时的性暴力治疗疗程。
압수된 식칼 1자루(증 제1호)를 몰수한다.	没收查扣的一把菜刀(第1号证据)。
피고인으로부터 1,000,000원을 추징한다.	向被告人追缴100万韩元。
압수된 금반지 1개(증 제1호)를 피해자 안○○에게 환부한다.	将查扣的一枚金戒指(第1号证据)返还给被害人安某某。
위 벌금(또는 추징)에 상당한 금액의 가납을 명한다.	命提前缴纳相当于上述罚款(或追缴)的金额。
피고인은 무죄.	宣布被告人无罪。
이 사건 공소사실 중 사기의 점은	本案指控中的诈骗罪无罪。

무죄.	
피고인에 대한 판결의 요지를 공시한다.	公告对被告人的判决要点。
피고인은 면소.	宣布被告人免诉。
이 사건 공소를 기각한다.	驳回本案的公诉。
이 판결에 불복이 있으면 오늘부터 7일 이내에 ○○고등법원(또는 ○○지방법원)에 항소를 제기할 수 있습니다. 다만, 항소장은 이 법원에 제출하여야 합니다.	如不服本判决，可从今日起七日之内向某某高等法院(或某某地方法院)提出上诉。但必需将上诉状递交本法院。
불구속 피고인에게는 판결문을 송달하지 않고 피고인의 신청이 있는 경우에만 판결문을 보내드립니다. 피고인이 판결문을 받아보기를 원하면 오늘부터 7일 이내에 법원에 송달신청서를 제출하면 됩니다.	对未被逮捕的被告人不送达判决书，只有被告人申请时送达判决书。如果被告人希望接收判决书，从今日起七日之内向法院提交送达申请书。
피고인이 집행유예 기간 중에 재범을 하여 실형을 선고받아 확정되거나 집행유예 결격사유가 밝혀지면 집행을 유예한 선고형을 복역하게 됩니다.	被告人在缓刑期间再次犯罪被判刑，或者发现缓刑不够资格，就应当执行原判刑罚。
피고인에 대하여 집행유예의 선고와 동시에 보호관찰(또는 사회봉사명령, 수강명령)을 함께 명하였습니다. 판결이 확정된 후 10일 이내에 주거지를 관할하는 보호관찰소에 신고하여야 하며, 보호관찰관의 지시에 따라 보호관찰(또는 사회봉사명령, 수강명령)을 받아야 합니다.	对被告人宣告缓期执行的同时，命保护观察(或公益服务令、授课令)。在宣判10日之内应在所在地保护观察所申报，根据保护观察官的指示接受保护观察(或社会服务令、授课令)。而且在保护观察期间(公益服务令、授课令执行期间)应严守现在发的相关遵守事项，若

또 보호관찰기간(사회봉사명령, 수강명령 집행기간) 동안 지금 교부하는 준수사항을 잘 지켜야 하고, 만일 피고인이 준수사항을 위반하거나 명령을 위반한 경우에는 집행유예가 취소되어 유예한 형을 복역하게 될 수 있습니다.	被告人违反时将取消缓期执行命令，有可能要服刑。
피고인은 이 사건으로 유죄판결이 확정되면, 성폭력범죄의 처벌 등에 관한 특례법에 의해 신상정보 등록 대상자가 되고, 판결이 확정된 날로부터 30일 이내에 피고인의 신상정보를 주소지 관할 경찰서장에게 제출하여야 합니다.	被告人因此案被判刑，届时根据关于性暴力犯罪处罚等的特例法，个人信息资料被注册，至宣判之日起30日之内把个人信息递交给所在地警察署长。
형사소송법 제59조의3에 따라 판결이 확정된 사건에 대하여 누구든지 판결서 등의 열람·복사가 가능합니다. 소송관계인은 명예나 사생활의 비밀 또는 생명·신체의 안전이나 생활의 평온을 현저히 저해할 우려가 있는 경우 또는 영업비밀이 현저하게 침해될 우려가 있는 경우 열람·복사의 제한 신청을 할 수 있습니다.	根据刑事诉讼法第59条之3的规定，对于已宣判的案件，任何人都可以阅览、复印判决书。若顾虑对名誉、私生活或者对生命与人身安全、以及阻碍安稳生活或者明显侵害商业机密的时候，诉讼关系人可以申请限制判决书的阅览、复印。
이상과 같은 범죄사실로 피고인에 대하여 실형을 선고하였습니다. 피고인은 도망(또는 증거인멸)의 우려가 있으므로 이 법정에서 구속하고자 합니다. 피고인은 이에 대하여	根据上述犯罪事实为依据，对被告人宣告有期徒刑。因为被告人有逃跑(或销毁证据)的可能性，所以要在本法庭上进行逮捕，对此被告人有要说的吗？

하실 말씀이 있습니까?	
피고인에게 도망(또는 증거인멸)의 우려가 있다고 인정되어 구속영장을 발부합니다. 피고인은 변호인을 선임할 권리가 있습니다. 피고인이 구속된 사실을 누구에게 알려주면 되나요?	认为被告人有逃跑(或销毁证据)的可能性，现签发逮捕令。被告人有辩护人选任权。被告人拘捕的事实，需要向谁通知呢?
피고인의 항소를 기각한다.	驳回被告人的抗诉。
검사의 항소를 기각한다.	驳回检方的抗诉。
원심판결을 파기한다.	撤销原判。
원심판결 중 피고인 정○○에 대한 부분을 파기한다.	撤消原判中对被告人郑某某那一部分。

제3편

부록

I. 한중 형사용어 대조표

연번	한국어	中文	해설
1	가명	假名/化名	
2	가명계좌	(虚)假账户/假名账户	
3	가벌성	可罚性	
4	가석방	假释	형기가 끝나지 않은 죄수를 일정한 조건하에 미리 풀어 주는 행정 처분
5	가정폭력	家庭暴力	배우자, 자기 또는 배우자의 직계존비속, 동거하는 친족 등 관계있는 사람 사이에서 신체적·정신적 또는 재산상 피해를 주는 행위
6	가해자	加害人	
7	가환부	临时退还	증거물로 압수한 물건을 소유자, 소지자, 보관자의 청구에 의하여 잠정적으로 돌려주는 일
8	각하	驳回	당사자의 소송(절차)상의 신청에 대하여 법원에서 부적법을 이유로 내용에 대한 판단없이 소송을 종료하는 일 ※ 중국 형사소송법은 '각하'와 '기각'을 구분하지 않고 모두 '驳回'로 표현한다.
9	간이공판절차	简易(审判)程序	피고인이 공판정에서 공소사실을 자백하는 때에 형사소송법이 규정하는 증거조사절차를 간이화하고 증거능력의 제한을 완화

			하여 심리를 간편·신속하게 진행할 수 있도록 하기 위하여 마련된 공판절차
10	간접정범	間接正犯/ 間接実行犯	책임무능력자나 고의가 없는 자를 이용하여 범하는 범죄
11	간접증거	間接証据	범죄사실의 존재를 간접적으로 추측하게 하는 사실(간접사실)을 증명하는 증거
12	감금	監禁/監押	
13	감정	鑒定	재판에 도움을 주기 위하여, 재판에 관련된 특정한 사항에 대하여 그 분야의 전문가가 의견과 지식을 보고하는 일
14	감정결론	鑒定結论	
15	감정유치	鑒定留置	피고인의 정신 또는 신체에 관한 감정이 필요한 때에 법원이 기간을 정하여 의사 등의 전문가에게 감정시키기 위하여 병원 기타 적당한 장소에 피고인을 유치하는 강제처분
16	감정인	鑒定人	특별한 학식이나 경험이 있는 자로서 법원이나 법관의 명을 받아 법관의 판단 능력을 보충하기 위하여 전문적 지식에 의한 판단이나 의견을 보고하는 사람
17	감청	監听	기밀을 보호하거나 수사 따위에 필요한 참고 자료를 얻기 위하여 통신 내용을 엿듣는 일
18	감형	减刑	형의 선고를 받은자에 대하여

			형의 분량을 감소시켜 주는 것
19	감호	監护	범죄인이나 피의자가 도망하거나 도망칠 염려가 있을 때 보호 구금하는 조치
20	감호영장	監护令	감호처분을 할 필요가 있다고 인정될 때 발부되는 영장
21	강간	强奸	폭행·협박에 의하여 상대방의 반항을 곤란하게 하고 사람을 간음하는 것
22	강간살인	强奸杀人	강간범이 고의로 사람을 살해하는 것
23	강간치사	强奸致人死亡	강간을 하는 과정에서 고의는 없었으나 잘못하여 사람을 죽게 하는 것
24	강간치상	强奸致人伤害	강간을 하는 과정에서 사람을 다치게 하는 것
25	강도	抢劫	폭행·협박으로 타인의 재물을 강취하거나, 기타 재산상의 이익을 취득하는 것
26	강도강간	抢劫强奸	강도가 사람을 강간하는 것
27	강도살인	抢劫杀人	강도가 고의로 사람을 살해하는 것
28	강도상해	抢劫伤人	강도가 사람을 상해하는 것
29	강도치사	抢劫致人死亡	강도가 고의는 없었으나 잘못하여 사람을 죽게 하는 것
30	강도치상	抢劫致人伤害	강도가 사람을 다치게 하는 것
31	강요	强迫	폭행·협박으로 사람의 권리행사를 방해하거나 의무 없는 일을 하게 하는 것
32	강요된 행위	被强迫的行为	저항할 수 없는 폭력이나 자기

			또는 친족의 생명, 신체에 대한 위해를 방어할 방법이 없는 협박에 의하여 할 수 없이 위법한 행위를 저지르는 경우
33	강제집행	强制执行	사법상 또는 행정법상의 의무를 이행하지 않는 자에 대하여, 국가의 강제권력에 의하여 그 의무이행을 실현하는 작용 또는 그 절차
34	강제집행면탈	規避强制执行	강제집행을 면할 목적으로 재산을 은닉·손괴·허위양도 또는 허위의 채무를 부담하여 채권자를 해하는 것
35	강제처분	强制措施	형의 집행을 보전하기 위해 사람·물건에 대해 강제적으로 행하는 처분
36	강제추행	强制猥亵	폭행·협박으로 사람에 대하여 성적 수치심이나 혐오감을 일으키는 신체 접촉 행위
37	개전의 정	悔改表現	반성의 기미
38	개정	开庭	법정을 열어 재판을 시작하는 일
39	거류	居留	외국인이 고용 기타의 사유로 국내에 비교적 장기간(90일 이상)인 일정한 기간을 정하여 머무는 일
40	거주지	居住地	
41	거증책임	举证责任	형사소송에서 자기에게 유리한 사실을 주장하기 위하여 법원을 설득할 만한 증거를 제출하여야

			하는 책임
42	거짓말탐지기	测谎仪	
43	검거	抓捕/拘捕/缉拿	
44	검문	盘问	
45	검사(檢事)	检察官	
46	검사(檢査)	检查/检验	
47	검시	验尸	변사 또는 변사의 의심이 있는 사체의 외부를 검사하여 사인을 판정하는 일
48	검증	勘验	법관이나 수사관이 자기의 감각으로 어떤 대상의 성질이나 상태 따위를 인식하여 증거를 조사하는 일
49	검증조서	勘验笔录	
50	검찰청	检察厅	
51	검찰측	控方/检方	
52	검찰측과 변호인측	控辩双方	
53	게임머니 (Game Money)	游戏(货)币	
54	결과적 가중범	结果加重犯	일정한 범죄행위가 예기치 않은 무거운 결과를 발생시킨 경우에, 그 결과로 인하여 형이 가중되는 범죄
55	경미사건	轻微案件	다액 50만 원이하의 벌금, 구류 또는 과료에 해당하는 죄
56	경제범죄	经济犯罪	
57	경찰	警察	
58	경찰서	警察署	
59	경찰청	警察厅	

60	경합범	竞合犯	아직 확정재판을 받지 아니한 수개의 범죄 또는 판결이 확정된 죄와 그 판결확정 전에 범한 죄
61	계류중	未决/还在	어떤 사건이 해결되지 않고 걸려 있음
62	고문	刑讯/拷问	
63	고문에 의한 강제자백	刑讯逼供	
64	고발	举报	범인 또는 피해자 이외의 제3자가 수사기관에 범죄사실을 신고하여 그 소추를 요구하는 의사표시
65	고발권	举报权	
66	고발인	举报人	
67	고발장	举报书/举报信	
68	고소	控告	범죄피해자, 기타 고소권자가 수사기관에 대하여 일정한 범죄사실을 신고하여 그 소추를 구하는 의사표시
69	고소권	控告权	
70	고소인	控告人	
71	고소장	(控)告状/诉状	누군가에게 피해를 당한 경우 고소인이 고소의 내용을 적어서 수사기관에 제출하는 문서
72	고의	故意	자기의 행위가 일정한 결과를 발생시킬 것을 인식하고 또 이 결과의 발생을 인용하는 것
73	고지	告知	
74	공갈	敲诈勒索	폭행·협박을 통해 사람에게 겁

			을 주고, 이를 통해 타인이 점유하는 재물이나 재산상의 이익을 취득하는 것
75	공공의 안전	公共安全	
76	공금	公款	
77	공금횡령	贪污公款/挪用公款	
78	공동정범	共同正犯	단독으로 범할 수 있는 범죄를 2인 이상이 공동하여 범한 경우 성립하는 범죄
79	공무상비밀	公务机密	
80	공무상비밀누설	泄露公务机密	공무원 또는 공무원이었던 자가 법령에 의한 직무상의 비밀을 누설하는 것
81	공무원자격사칭	冒充公务员招摇撞骗	공무원의 자격을 거짓으로 속여 직무상의 권리를 행사하는 것
82	공무집행방해	妨碍执行公务/阻挠执法	직무를 집행하는 공무원에 대하여 폭행 또는 협박하는 것
83	공문서	公文/公函	
84	공문서변조	变造公文	적법한 절차를 거쳐 작성된 공문서에 일부의 변경을 가하는 것
85	공문서위조	伪造公文	정당한 작성권한이 없는 자가 공문서로 오인되는 서류를 작성하는 것
86	공범	共犯	2인 이상이 서로 의사연락으로 범죄를 실현하는 일
87	공소	公诉/起诉	검사가 형사사건에 대하여 법원의 재판을 청구하는 신청
88	공소권	公诉权	공소를 제기할 수 있는 권리

89	공소기각	駁回公诉	형사소송에 있어서 공소가 제기된 경우, 형식적 소송조건의 흠결이 있을 때에 법원이 실체적 심리에 들어감이 없이 소송을 종결시키는 형식적 재판
90	공소사실	公诉事实	검사가 공소장에 기재하여 공소를 제기한 범죄사실
91	공소시효	追诉时效/公诉时效	어떤 범죄에 대하여 일정 기간이 지나면 형벌권이 소멸하는 제도
92	공소시효 경과	追诉时效已过	
93	공소시효 만료	追诉时效到期	
94	공소장	起诉书	검사가 공소를 제기하고자 할 때에 작성하는 문서
95	공소취소	撤回公诉	검사가 형사사건에 대하여 법원에 판결을 구한 신청을 취소하는 일
96	공연음란	公然淫乱/公开淫乱	공공연히 음란한 행위를 하여, 성적인 도덕 감정을 해치는 것
97	공정증서	公证书	공증인이 법령의 정하는 바에 따라 계약 등의 법률행위나 사건에 관한 사실에 대하여 작성한 증서
98	공판	公审	형사소송에서 공소가 제기되어 판결이 날 때까지 재판이 진행되는 것
99	공판검사	公诉人	법정에서 변호사와 대립하면서 재판을 진행하는 검사
100	공판기일	审判日期	형사소송법상 법원과 검사 그리고 피고인 및 기타 소송관계인

			이 모여 공판절차를 실행하는 기일
101	공판절차	審判程序	법원이 사건에 대해 심리·재판하고 또 당사자가 변론을 행하는 절차
102	공판준비절차	審前准備程序	공판기일에 있어서의 심리를 충분히 능률적으로 행하기 위한 준비로서, 수소법원에 의하여 행하여지는 절차
103	과료	罚款	2천원 이상 5만원 미만으로 과해지는 재산형 ※ 중국 형사소송법은 '과료'와 '과태료'를 모두 '罚款'으로 표현한다.
104	과실	过失	어떠한 사실을 인식할 수 있었음에도 불구하고 부주의로 인식하지 못한 것
105	과실치사	过失致人死亡/过失杀人	과실로 인하여 사람을 사망에 이르게 하는 것
106	과실치상	过失伤害	과실로 인하여 사람을 상해에 이르게 하는 것
107	과잉방위	防卫过当	정당방위의 정도를 넘은 방위행위
108	과잉피난	避险过当	긴급피난의 정도를 넘은 행위
109	과태료	罚款	벌금이나 과료와 달리 형벌의 성질을 가지지 않는 법령위반에 대하여 과해지는 행정상의 벌과금
110	관련서류	有关材料	
111	관리소홀	保管不慎	
112	관할	管辖	각 법원에 대한 재판권의 배분,

			즉 특정법원이 특정사건을 재판할 수 있는 권한
113	관할구역	管轄区(域)	
114	관할권	管轄权	특정한 사건에 대하여 법원이 처리할 수 있는 권한
115	관할법원	管轄法院	특정한 사건에 대하여 관할권을 가지는 법원
116	관할분쟁	管轄争议	
117	관할불명	管轄不明	
118	관할위반	管轄违反	재판의 신청을 받은 법원이 그에 대하여 관할권을 가지지 않은 상태
119	관할이전	移送管轄	관할법원이 재판권을 행사할 수 없거나 적당하지 않은 때에 법원의 관할권을 관할권 없는 법원으로 이전하는 것
120	교도소	監獄	자유형의 선고를 받고 그 형기 중에 있는 자를 수용하는 시설
121	교사	教唆	타인으로 하여금 범죄 실행을 하게 하는 것
122	교사범	教唆犯	범죄의 의사가 없는 타인으로 하여금 범죄를 결의하여 실행하게 한 사람
123	구금	拘禁/羈押	피고인 또는 피의자를 구치소나 교도소 따위에 가두어 신체의 자유를 구속하는 강제 처분
124	구류	拘留	1일 이상 30일 미만의 기간 동안 교도소 또는 경찰서 유치장에 구치하는 형벌
125	구성요건	构成要件	형법상 금지 또는 요구되는 행

			위가 무엇인가를 추상적·일반적으로 기술해 놓은 것
126	구성요건해당성	构成要件符合性	위법성·책임성과 함께 범죄성립요건 중의 하나로, 구체적인 사실이 구성요건에 해당되는 것
127	구속	逮捕	피의자·피고인의 신체 자유를 비교적 장기간 제한하는 대인적 강제처분 ※ 우리나라의 '체포'는 중국 형사소송법의 '拘留'와 유사하다.
128	구속영장	逮捕证/ 逮捕令	피의자·피고인을 구속하기 위하여 법관이 발부하는 영장
129	구속영장청구	提请批准逮捕证	
130	구속적부심사	逮捕合法性审查	수사기관의 피의자에 대한 구속의 적부를 법원이 심사하여, 그 구속이 위법·부당하다고 판단되는 경우 구속된 피의자를 석방하는 제도
131	구속취소	撤回逮捕	구속의 사유가 없거나 소멸된 때에 법원이 구속을 취소하는 것
132	구인	拘传	피고인 등을 법원 또는 일정한 장소에 실력을 행사하여 인도하는 강제처분
133	구치소	看守所	형사피의자나 피고인을 구금하여 재판이 종결되기 전까지 수용하는 시설
134	국가배상	国家赔偿	국가 또는 공무원이 직무상 개인이나 법인의 권리를 침해하거나 불법 행위로 손해를 입힌 경

			우에, 그 개인이나 법인이 국가나 공공 단체로부터 받는 배상
135	국기국장모독	侮辱国旗、国徽	국가를 모욕, 비방할 목적으로 국기와 국장을 손상, 제거, 오욕하는 행위
136	국선변호인	指定辩护人/ 公益律师	경제적 빈곤 등의 이유로 변호사를 선임할 수 없는 피고인을 위하여 법원이 직권으로 선임하는 변호인
137	국외추방	驱逐出境	출입국 관리법을 위반한 외국인이나 국가의 안녕과 질서 등을 해할 가능성이 있는 외국인을 강제적으로 국외로 추방하는 것(=강제출국)
138	국적	国籍	
139	국제범죄	国际犯罪	
140	국제협약	国际公约	
141	국제형사사법공조	国际刑事司法协助	
142	군사기밀	军事机密	
143	권리행사방해	妨碍行使权利	타인의 점유 또는 권리의 목적이 된 자기의 물건을 취거·은닉 또는 손괴하여 타인의 권리행사를 방해하는 것
144	궐석재판	缺席判决	피고인이 법정에 출석하지 않은 상태에서 진행되는 재판(=결석재판)
145	귀화	入籍	다른 나라의 국적을 얻어 그 나라의 국민이 되는 일
146	금고	禁锢	강제노동을 과하지 않고 수형자

			를 교도소에 구금하는 일
147	기각	駁回	소송에 있어서 원고의 소에 의한 청구나 상소인의 상소에 의한 불복신청을 이유가 없다고 하여 배척하는 판결 또는 결정
148	기결수	已決犯	수형자(죄인으로서 형벌을 받았거나 받고 있는 사람)
149	기대가능성	期待可能性	행위 당시의 구체적 사정에 비추어 행위자에게 그 범죄행위를 하지 않고 다른 적법행위를 기대할 수 있는 가능성
150	기망	欺骗	
151	기산	起算	
152	기소	起诉/公诉	검사가 형사사건에 대하여 법원의 재판을 청구하는 신청
153	기소유예	暂缓起诉	검사가 범죄의 혐의는 인정되나 범인의 연령·성행, 지능과 환경, 피해자에 대한 관계, 범행동기·수단과 결과, 범행 후의 정황 등을 참작하여 공소를 제기하지 않는 것
154	기소중지	暂停起诉	검사가 피의자의 소재불명 등의 사유로 수사를 종결할 수 없는 경우에 그 사유가 해소될 때까지 수사를 중지하는 처분
155	기수	既遂	범죄의 구성요건을 실현하여 완성한 것
156	기수범	既遂犯	범죄를 시도한 사람이 범죄에 성공했거나 범죄의 구성 요건을 완전히 갖춘 상태로 실행한 범

			죄 또는 범인
157	기판력	既判力	일단 판결이 확정된 때에는 동일 사항이 다시 소송상으로 문제가 되었을 때에 당사자는 이에 저촉되는 주장을 할 수 없고 법원도 이에 저촉되는 판단을 할 수 없는 효력
158	기피	回避	당사자의 신청에 의하여 법관 또는 법원의 사무관·서기관 등을 그 직무집행에서 배제하는 것 ※ 중국 형사소송법은 '기피', '제척', '회피'를 포괄하여 모두 '回避'로 표현한다.
159	긴급체포	緊急逮捕	중대한 범죄혐의가 있고, 법관의 체포영장을 발부받을 여유가 없는 경우에 먼저 체포를 한 후 사후에 영장을 발부받는 제도
160	긴급피난	緊急避險	자기 또는 타인의 법익에 대한 현재의 위난을 피하기 위한 행위
161	날인	蓋章	도장을 찍음
162	납부	缴纳/交纳	
163	내란	内乱	폭동에 의하여 국가의 존립과 헌법질서를 위태롭게 하는 것
164	노역장유치	强制劳役	벌금 또는 과료를 납입하지 아니한 자에 대하여 선고되는 환형처분
165	농아자	聋哑人	듣지 못하고 말하지 못하는 사람
166	뇌물	贿赂	어떤 직위에 있는 사람을 매수

			하여 사사로운 일에 이용하기 위하여 넌지시 건네는 부정한 돈이나 물건
167	뇌물공여	行賄	
168	누락	遺漏	
169	누범	累犯	금고 이상의 형을 받아 그 집행이 끝났거나 면제를 받은 후 3년 이내에 또다시 금고 이상에 해당하는 죄를 범하는 일
170	누범가중	累犯加重処罰	누범에 대하여 형벌을 더 무겁게 내리는 처벌
171	누설	泄露	
172	단독재판	独任審判	한 사람의 판사에 의하여 행해지는 재판
173	단독판사	独任法官	1심 법원에서 합의제 재판을 필요로 하지 않는 비교적 가벼운 사건에 대하여 혼자서 재판권을 행사하는 판사
174	단서	线索	
175	단속	打击	
176	답변서	答辩状	
177	당사자	当事人	법원에 대하여 자기명의로 판결이나 집행을 요구하는 자와 그에 대립하는 상대방
178	대리인	代理人	
179	대법원	大法院	
180	대조	核对	
181	대질	对质	증인의 증언 또는 당사자의 진술의 상호간에 모순이 있을 때 법원이 증인 상호간, 당사자 상

			호간 또는 증인과 당사자를 대면시켜 신문하는 것
182	대포통장	冒名存折	제3자의 명의를 도용하여 통장의 실사용자와 명의자가 다른 통장
183	도망	逃跑	
184	도박	赌博	
185	도박개장	开设赌场	영리의 목적으로 도박장을 개장하는 것
186	도박자금	赌资	
187	도박장	赌场	
188	도주	逃走	
189	도주원조	助逃	법률에 의하여 구금된 자를 탈취하거나 도주하게 하는 행위
190	도청	窃听	
191	도피	逃避	
192	도화	图画	도안과 그림을 아울러 이르는 말
193	독수의 과실이론	毒树之果	위법하게 수집된 증거에 의해 발견된 제2차 증거
194	독임제	独任制	의사 결정이나 집행 기능을 한 사람이 담당하는 제도(=단독제)
195	독직	渎职	공무원이 그 지위나 직권을 남용하여 뇌물을 받는 따위의 부정한 행위를 저지르는 것
196	동시범	同时犯	두 사람 이상의 행위자가 상호 의사연락 없이 같은 대상에 대해 범행하는 경우
197	디지털(전자) 증거	电子证据	

198	마약	毒品	
199	마약(판매·구입·거래)자금	毒资	
200	마약거래	毒品交易	
201	마약사범	毒犯	
202	마약제조	毒品制造	
203	마약제조업자	毒品制造商	
204	마약중독	毒品中毒	
205	만기석방	刑满释放/刑释	
206	말투	口气/话调儿	
207	매매춘	卖淫嫖娼	
208	매춘	卖淫	
209	맹인	盲人	
210	면소	免诉	형사소송에서 소송을 계속 진행시키기 위한 소송조건이 결여되어, 공소권이 없어져 기소를 면제하는 것
211	면회	探视/会见	
212	명예훼손	诽谤/破坏名誉	공공연하게 다른 사람의 사회적 평가를 떨어뜨리는 사실 또는 허위 사실을 지적하는 일
213	명의	名义	
214	명의대여	借名	
215	명의변경	过户/名义变更	
216	모욕	侮辱	사실에 대한 표현 없이 글이나 말, 동작 등으로 다른 사람의 사회적 평가나 명예감정을 훼손하거나 하려는 것
217	모의	合谋	두 사람 이상이 함께 범죄를 계획하고 그 실행 방법을 의논함. 또는 그런 일

218	모함	诬陷	
219	목격	目击	
220	목격자	目击证人/ 目击者	
221	목록	目录/清单	
222	몰수	没收	범죄행위와 관련된 재산을 박탈하는 형벌
223	몽타주 (Montage)	模拟画像	범인을 목격한 피해자 등의 진술을 토대로 범인의 모습과 비슷한 눈·코·입 등 각 부위별 자료를 합성하여 범인의 모습과 유사하게 그린 얼굴사진
224	무고	诬告	사실이 아닌 일을 거짓으로 꾸미어 해당 기관에 고소하거나 고발하는 일
225	무고한 사람	无辜	죄가 없는 사람
226	무기금고	无期禁锢	의무적인 작업을 과하지 않고 평생 동안 교도소 안에 가두어 자유를 박탈하는 형벌
227	무기징역	无期徒刑	기간을 정하지 않고 평생 동안 교도소 안에 가두어 의무적인 작업을 시키는 형벌
228	무인	手印/指印	손도장, 지장
229	무인하다	按手印/按指印	지장을 찍다
230	무죄	无罪	
231	무죄의 변명	无罪辩解	
232	무죄추정의 원칙	无罪推定原则	피고인 또는 피의자는 유죄판결이 확정될 때까지는 무죄로 추정한다는 원칙
233	묵비권	沉默权	피고인 또는 피의자가 수사절차

			에서나 공판절차 등에서 시종 침묵하거나 또는 개개의 질문에 대하여 답변을 거부할 수 있는 권리(=진술거부권)
234	물(적)증(거)	物证	물건의 존재 또는 상태가 증거로 되는 것. 범행에 사용된 흉기 또는 절도의 장물이 여기에 해당
235	미결구금	未决羁押	범죄의 혐의를 받는 자를 재판이 확정될 때까지 구금하는 것
236	미결수	未决犯	법적 판결이 나지 않은 상태로 구금되어 있는 피의자 또는 형사 피고인
237	미납	未缴	
238	미상	不详	확실하거나 분명하지 않음
239	미성년자	未成年人	
240	미수	未遂	범죄의 실행에 착수하였으나 종료함에 이르지 않은 경우
241	미수범	未遂犯	범죄의 실행에 착수하였으나 그 행위를 끝내지 못하였거나 결과가 발생하지 아니한 범죄 또는 범인
242	미필적 고의	未必故意	자기의 행위로 인해 어떤 범죄 결과가 일어날 수 있음을 알면서도 그 결과의 발생을 인정하여 받아들이는 심리 상태
243	민사분쟁	民事纠纷	
244	밀입국	偷渡(入境)	
245	반국가단체	反国家团体	정부를 넘어뜨리거나 나라를 어지럽히려는 단체

246	반대신문	交叉讯问/ 反讯问	교호신문에 있어서 주신문이 끝난 뒤에 증인을 신청한 당사자의 상대방이 하는 신문
247	반성문	悔过书/检讨书	
248	반송	退回	
249	반의사불벌죄	未经受害人同意 不能处罚的犯罪	피해자가 가해자의 처벌을 원하지 않는다는 의사를 표시하면 처벌할 수 없는 범죄
250	반환	发还/归还	
251	발견자	发现人	
252	발급	签发	
253	발송	发送	
254	방조	帮助	남의 범죄 수행에 편의를 주는 모든 행위
255	방청	旁听	
256	방화	放火	
257	배상	赔偿	위법한 행위로 남의 권리를 침해한 사람이 그 손해에 대해 물어주는 것
258	배상요구	索赔	
259	배심원	陪审员	법률 전문가가 아닌 일반 국민 가운데 선출되어 심리나 재판에 참여하고 사실 인정에 대하여 판단을 내리는 사람
260	배심제도	陪审制度	일반 국민으로 구성된 배심원단이 피의사건에 대한 재판 또는 기소에 참여하여 평결하도록 한 제도
261	벌금	罚金	
262	범인	犯人/罪犯	

263	범인은닉	窝藏罪犯	벌금 이상의 형에 해당하는 죄를 범한 자를 은닉 또는 도피하게 하는 것
264	범죄	犯罪	
265	범죄객체	犯罪客体	범죄행위의 대상, 즉 범죄의 구성요건에서 정하는 사람이나 물건
266	범죄단체	犯罪集团	범죄를 목적으로 하는 단체
267	범죄동기	犯罪动机	
268	범죄목적	犯罪目的	
269	범죄사실	犯罪事实	특정한 구성요건에 해당하고 위법하고 유책한 구체적 사실
270	범죄수익금	赃款	
271	범죄인인도	罪犯引渡	A국에서 죄를 범하고 B국에 도망해온 자를 A국의 요구에 응하여 B국에서 인도하는 일
272	범죄주체	犯罪主体	형법이 규정한 범죄를 실시하고 형사책임을 부담하는 사람
273	범죄지	犯罪地	
274	범죄행위	犯罪行为	
275	범죄현장	犯罪现场	
276	범칙금	罚款	경범죄처벌법·도로교통법 등 일상생활에서 흔히 일어나는 경미한 범죄행위를 행한 자에게 부과하는 벌금
277	범칙금납부통고서	罚款通知书	
278	범행도구	犯罪工具/作案工具	
279	범행수법	作案手段	

280	범행시간	作案时间	
281	법관	法官	
282	법규	法规	일반 국민의 권리·의무에 관계되는 법규범
283	법령	法令	법률과 명령
284	법률	法律	국회에서 법률이라는 형식으로 제정한 규범
285	법원	法院	
286	법원경위	法庭警察/法警	법관의 명에 의하여 소송관계자의 인도, 법정의 정돈, 그밖의 소송진행에 필요한 사무를 집행하는 자
287	법의관/ 법의학자	法医	범죄수사에 도움을 주거나 사인과 사망경위를 밝혀 인권을 도모하는 일을 주업무로 하는 학자
288	법익	法益	법적으로 보호되는 이익 또는 가치
289	법정경찰권	法庭警察权	법정의 존엄과 질서를 유지하기 위해 법정에 있는 사람들에게 명령·강제할 수 있는 권한
290	법정대리인	法定代理人	
291	법정모욕	法庭侮辱	법원의 재판을 방해 또는 위협할 목적으로 법정 또는 그 부근에서 모욕 또는 소동하는 것
292	법조경합	法条竞合	1개나 여러개의 행위가 여러개의 형벌법규에 해당되는 것으로 보이나, 실제로는 하나만 적용이 되고 나머지는 배척되는 것
293	변론	辩论	소송 당사자가 법정에서 하는

			진술
294	변명	辯解	
295	변사	意外死亡/橫死	병사나 자연사가 아닌 뜻밖의 사고로 죽음
296	변조	变造	통화·유가증권·문서 등에 권한 없이 변경을 가하는 일
297	변호권	辩护权	
298	변호사	律师	
299	변호인	辩护人	형사소송에 있어서 피고인 등에 의하여 선임되거나 국가에 의하여 선정되어 피고인을 위한 변호를 임무로 하는 사람
300	변호인 접견권	律师会见权	
301	변호인측	辩方	
302	병합심리	联合审理	여러 개의 소송을 한 개의 소송으로 심리하는 일
303	보상	补偿	국가 또는 단체가 적법한 행위에 의하여 국민이나 주민에게 가한 재산상의 손실에 대해 물어주는 것
304	보석	取保候审/保释	보증금을 납부하고, 도망하거나 기타 일정한 사유가 있는 때에는 이것을 몰수하는 제재조건으로 법원이 구속된 피고인을 석방시키는 제도
305	보안관찰	保安观察	행위자의 장래 위험성을 예방하고 행위자의 치료 및 교육 그리고 재사회화를 위한 개선과 사회방위를 주목적으로 하여 과해지는 형벌 이외의 형사제재

306	보안처분	保安处分	범죄자가 장래 다시 죄를 범하지 않도록 예방하기 위해 범죄인에 치료 또는 교정을 해서 범죄의 위험성을 제거하고, 형벌의 대용 또는 보충을 하려는 강제적 처분
307	보완수사	补充侦查	
308	보증금	保证金/担保金	피고인의 출석을 보증하기 위하여 법원에 납부하는 금전
309	보증인	保证人/担保人	피고인이 법원이 지정하는 일시와 장소에 출석하는 것을 약속하는 사람
310	보호관찰	保护观察	선고유예나 집행유예를 받은 사람 등이 다시 범죄를 저지르는 것을 막고 그의 사회적응을 돕는 것을 목적으로 그 사람의 일상 생활을 살피는 것
311	보호관찰소	保护观察所	
312	보호법익	保护法益	형법이 보호할 가치가 있는 이익 또는 가치
313	복역	服刑	
314	부가형	附加刑	주된 형벌에 덧붙여 과하는 형벌
315	부검	剖检/解剖/尸检	사인(死因)·병변(病變)·손상(損傷) 등의 원인과 그 정도 등을 규명하기 위해 시체를 해부·검사하는 일
316	부본	副本	원본과 동일한 내용의 문서
317	부상정도	伤情程度	
318	부인	否认	
319	부작위	不作为	마땅히 해야 할 것으로 기대되

			는 처분 또는 행위를 하지 않는 것
320	부작위범	不作为犯	부작위에 의해 실현되는 범죄 또는 범인
321	부정기형	不定期刑	형의 기간을 확정하지 아니하고, 선고하는 자유형
322	부칙	附則	
323	분실신고	挂失	
324	분실자	失主	
325	불가항력	不可抗力	자연재해나 천지지변을 포함하여 외부로부터 발생한 일로서 보통 필요하다고 인정되는 수단을 다하여서도 피할 수 없는 일
326	불구속	不逮捕	
327	불기소	不起诉	사건이 죄가 되지 않거나 범죄의 증명이 없거나 또는 공소의 요건을 갖추지 못했을 때 검사가 공소를 제기하지 않는 일
328	불기소처분	不起诉处分	
329	불능미수	不能犯未遂	결과의 발생이 처음부터 불가능한 경우에도 위험성이 있는 경우에 처벌하는 범죄
330	불법소지	非法携带	
331	불법점유	非法占有	
332	불법체류외국인	非法滞留外国人	
333	불법행위	不法行为	
334	불복	不服	명령·결정 따위에 대하여 복종·항복 따위를 하지 아니함
335	불심검문	临时盘查	경찰관이 거동이 수상한 자를 발견한 때에 이를 정지시켜 실

			시하는 질문
336	불이익변경금지 의 원칙	上诉不加刑原则	피고인이 상소한 사건이나 피고 인을 위하여 상소한 사건에 대 하여는 원심판결의 형보다 중한 형을 선고할 수 없다는 원칙
337	불입건	不立案	
338	비고	备注	
339	비밀누설	泄密	
340	뺑소니사고	交通肇事逃逸	
341	사건	案件	
342	사건개요	案由	
343	사건경위	案情	
344	사건수리	受案	
345	사건에 연루되다	涉案	
346	사건을 처리하다	办案	
347	사건을 해결하다	破案	
348	사고운전자	肇事司机	
349	사고차량	肇事车辆	
350	사기	诈骗	사람을 속여 착오를 일으키게 함으로써, 일정한 의사표시나 처분행위를 하게 하는 일
351	사면	赦免	국가원수의 특권으로서 형의 선 고의 효과의 전부 또는 일부를 소멸시키거나, 형의 선고를 받 지 않은 자에 대하여 공소권을 소멸시키는 일
352	사문서	私人文件	
353	사문서변조	变造私人文件	행사할 목적으로 권리의무 또는

			사실증명에 관한 타인의 문서 또는 도화를 변조하는 것
354	사문서위조	伪造私人文件	행사할 목적으로 권리의무 또는 사실증명에 관한 타인의 문서 또는 도화를 위조하는 것
355	사용절도	使用盗窃	다른 사람의 재물을 승낙 없이 일시 사용하는 행위
356	사이버범죄	网络犯罪	
357	사이버안전	网络安全	
358	사이버테러	网络恐怖	
359	사이트링크	网络链接/ 网络连接	
360	사인	死因	
361	사인불명	死因不明	
362	사전답사	踩点	
363	사칭	冒充/诈称/谎称	이름, 직업, 나이 등을 남의 것을 사용하거나 거짓으로 지어내어 속여 씀
364	사형	死刑	
365	사회경력	社会经历	
366	산입	计算	
367	살인	(故意)杀人	
368	상고	上告	항소심의 판결에 대한 불복신청 ※ 우리나라의 3심제와 달리 중국은 2심제를 채택하고 있기 때문에, '상고'에 상응하는 중국어 표현은 없다.
369	상상적 경합	想象竞合	하나의 행위가 여러 개의 죄에 해당하는 경우
370	상소	上诉	재판이 확정되기 전에 상급법원

			에 취소·변경을 구하는 불복신청 ※ 중국 형사소송법은 당사자(피고인, 법정대리인 등)가 제1심 판결에 대하여 불복신청하는 것을 '上诉'라고 한다.
371	상소기간	上诉期限	
372	상소심	上诉审判	
373	상소이유	上诉理由	
374	상소장	上诉状	
375	상소제기	提起上诉	
376	상소취하	撤回上诉	
377	상소포기	放弃上诉	
378	상습범	惯犯	일정한 행위를 상습적으로 행하는 것
379	상해	伤害	
380	상해치사	(故意)伤害致人死亡	사람의 신체를 상해하여 사망에 이르게 하는 것
381	서로 짜고 거짓진술하다	串供	
382	서면심리	书面审理	
383	서면진술	书面陈述	
384	서명	签名	
385	서증	书证	재판에서 문서를 증거로 삼는 방법
386	석방	释放	
387	선고유예	(暂)缓宣告	범행이 경미한 범인에 대하여 일정한 기간 형의 선고를 유예하고 그 유예기간을 특정한 사고 없이 경과하면 형의 선고를

			면하게 하는 제도
388	선동	煽动/怂恿	
389	선서	宣誓	
390	선임	聘请/委托	
391	성매매	性交易	
392	성을 매수하다	嫖娼/嫖妓	
393	성폭력	性暴力	성희롱이나 성추행, 성폭행 등을 모두 포괄하는 개념으로 '성을 매개로 상대방의 의사에 반해 이뤄지는 모든 가해행위'
394	성희롱	性骚扰	성에 관계된 말과 행동으로 상대방에게 불쾌감, 굴욕감 등을 주거나 고용상에서 불이익을 주는 등의 피해를 입히는 행위
395	소년범	少年犯	만 19세 미만인 사람이 저지른 범죄, 또는 그 범죄를 저지른 사람
396	소년보호사건	少年保护案件	소년 사건 중에서 보호 처분이 필요하다고 인정되는 사건
397	소년부	少年部	가정법원에서 소년보호사건을 전담하는 부서
398	소년원	少年犯管教所/少管所/少教所	가정법원 및 지방법원 소년부의 보호처분에 의하여 송치된 소년을 수용하여 교정교육을 행할 목적으로 설립된 법무부 산하 특수교육기관
399	소매치기	扒手	
400	소변검사	尿检/尿液分析	
401	소송관계인	诉讼关系人	검사와 피고인 등 소송당사자와 변호인과 사법경찰관리 등 보조

			자를 합친 개념
402	소송대리인	诉讼代理人	소송에서 당사자를 대리하는 사람
403	소송비용	诉讼费用	소송절차를 진행함으로 인하여 발생한 비용으로서 형사소송법에 의하여 특히 소송비용으로 규정된 것
404	소송서류	诉讼文件	
405	소송절차	诉讼程序	
406	소유	拥有	
407	소재불명	下落不明	
408	소지자	持有人	
409	소환	传唤	법원이 피고인·증인·감정인 등에게 일정한 일시에 법원 기타 일정한 장소에 출석을 명하는 일
410	소환장	传票/传唤证	
411	손괴	损坏	
412	손해배상	赔偿损失	위법한 행위에 의해 타인에게 끼친 손해를 전보해 손해 입기 전 상태로 복귀시키는 일
413	송금인	汇款人/寄款人	
414	송달	送达	
415	송치	移送	수사 기관에서 검찰청으로, 또는 한 검찰청에서 다른 검찰청으로 피의자와 서류를 넘겨 보내는 일
416	수감	关押/收监/羁押	
417	수감번호	囚犯号码	
418	수감자	在押人员	
419	수갑	手铐	

420	수뢰	受贿	
421	수배	通缉	피의자 및 수사자료를 발견·확보하기 위하여 다른 경찰관서에 대해서 수사상 필요한 조치를 의뢰하여 경찰의 조직력을 활용하는 활동
422	수배자	通缉犯	
423	수배해제	撤销通缉令	
424	수사	侦查	범죄의 혐의 유무를 밝혀 공소의 제기와 유지 여부를 결정하기 위하여 범인과 증거를 찾고 수집하는 수사기관의 활동
425	수사결과	侦查结果	
426	수사기관	侦查机关	
427	수사단서	侦查线索	
428	수사종결	侦查终结	
429	수색	搜查	어떤 물건이나 범인을 찾기 위해 신체·물건·가택을 조사하는 강제처분
430	수색범위	搜查范围	
431	수색영장	搜查证/搜查令	
432	수색조서	搜查笔录	
433	수취인	收款人/收件人	
434	순찰차	巡逻车	
435	스키드 마크 (Skid Mark)	刹车痕	주행하던 자동차가 브레이크를 밟음으로써 바퀴가 굴러가지 못하고 노면 위를 미끄러지면서 나타난 차량 바퀴의 흔적
436	시청각자료	视听资料	
437	시효	时效	
438	식별	辨认/辨别	

439	신고	报案	
440	신고자	报案人	
441	신고접수	接警	
442	신문	讯问	법원이나 기타 국가 기관이 수사, 판결을 위하여 어떤 사건에 관하여 증인, 당사자, 피고인 등에게 사실관계를 물어 조사하는 일
443	신문조서	讯问笔录	
444	신분증	身份证	
445	신체검사	身体检查	
446	신체특징	体貌特征/外貌特征	
447	실형	徒刑	법원의 선고를 받아 실제로 집행된 경우의 형벌
448	실화	失火	
449	심리	审理	재판의 기초가 되는 사실 관계 및 법률관계를 명확히 하기 위하여 법원이 증거나 방법 따위를 심사하는 행위
450	심리연기	延期审理	
451	심문	询问	법원이 당사자나 그 밖에 이해관계가 있는 사람에게 서면이나 구두로 개별적으로 진술할 기회를 주는 일
452	심신미약	心神微弱	마음이나 정신의 장애로 인하여 사물을 변별할 능력이나 의사를 결정할 능력이 미약한 상태
453	심신장애	心神障碍	사물을 판별하거나 의사를 결정할 능력이 불완전한 상태

454	심증	心证	재판의 기초인 사실관계의 존부에 대한 법관의 주관적 의식상태 내지 확신의 정도
455	아동학대	虐待儿童	
456	안락사	安乐死	
457	알리바이 (Alibi)	不在现场证明	범죄를 저질렀다는 의심을 받는 사람이 그 범죄가 발생할 당시에 범죄 현장이 아니라 다른 곳에 있었음을 증명하는 것
458	알선수뢰	斡旋受贿	공무원이 그 지위를 이용하여 다른 공무원의 직무상의 부정행위를 알선하고 뇌물을 받는 것
459	압수	扣押	국가기관이 증거물 또는 몰수할 물건으로 인정되는 물건의 점유를 취득하는 강제처분
460	압수목록	扣押物品清单	
461	압수물	扣押物品	
462	압수영장	扣押证	
463	야간주거침입절도	夜间入室盗窃	야간에 사람의 주거, 간수하는 저택, 건조물이나 선박 또는 점유하는 방실에 침입하여 타인의 재물을 절취하는 것
464	양벌규정	双罚制/两罚制	위법행위에 대하여 행위자를 처벌하는 외에 그 업무의 주체인 법인 또는 개인도 함께 처벌하는 규정
465	양형	量刑	법원이 형사재판 결과 '유죄' 판결을 받은 피고인에 대해 그 형벌의 정도 또는 형벌의 양을 결정하는 일

466	억울하다	冤枉	
467	업무방해	妨碍业务	
468	업무상과실	业务过失	
469	업무상비밀	业务上的机密	
470	업무상비밀누설	泄露业务上的机密	특정한 업무에 종사하는 자, 업무상 보조 또는 업무 처리자가 그 업무상 알게 된 사실의 비밀을 누설하는 것
471	여죄	余罪	
472	열람	阅读	
473	영리목적	以营利为目的	
474	영아살해	杀害婴儿	직계존속이 치욕을 은폐하기 위하거나 양육할 수 없음을 예상하거나 특히 참작할 만한 동기로 인하여 분만중 또는 분만 직후의 영아를 살해하는 것
475	영아유기	遗弃婴儿	직계존속이 치욕을 은폐하기 위하거나 양육할 수 없음을 예상하거나 특히 참작할 만한 동기로 인하여 영아를 유기하는 것
476	영장	令状	사람 또는 물건에 대하여 강제처분의 명령 또는 허가를 내용으로 하여 법원 또는 법관이 발부하는 서류
477	영장실질심사	拘捕令实质审查	검사로부터 구속영장을 청구받은 판사가 피의자를 직접 심문해 구속 여부를 결정하는 제도
478	예납	预缴	정하여진 날이 되기 전에 미리 냄
479	예비	预备	범행장소의 심사, 범행의 도구의 구입 등과 같은 범죄의 실현

			을 위한 일체의 준비행위
480	외교상기밀누설	泄露外交机密	
481	외교특권	外交特权	외교사절 및 그 가족이 주재국에서 가지는 불가침권과 치외법권의 특권
482	외국인범죄	外国人犯罪/ 涉外犯罪	
483	외환	外患	국가의 대외적 안정을 해치는 것
484	용의자	疑犯/疑凶	범죄의 혐의가 뚜렷하지 않아 정식으로 입건되지는 않았으나, 내부적으로 조사의 대상이 된 사람
485	원심	原审	현재의 재판보다 한 단계 앞서 받은 재판 또는 그런 법원
486	원진술	原供述/原陈述	
487	위법성	违法性	어떤 행위가 범죄 또는 불법 행위로 인정되는 객관적 요건
488	위법성조각사유	违法阻却(性)事由	형식적으로는 범죄 행위나 불법 행위로서의 조건을 갖추고 있어도 실질적으로는 위법이 아니라고 인정할 만한 특별한 사유
489	위법수집증거 배제법칙	非法证据排除规则	적법한 절차에 따르지 아니하고 수집한 증거는 증거로 할 수 없다는 원칙
490	위증	伪证	법률에 따라 선서한 증인이 허위 증언을 하는 일
491	유가증권	有价证券	사법상 재산권을 표시한 증권으로 어음, 수표, 채권, 주권, 선하증권, 상품권 등이 있다

492	유괴	**诱拐/拐骗/拐卖**	
493	유기	遺弃	
494	유기징역	有期徒刑	정해진 기간 동안 교도소 안에 가두어 의무적인 작업을 시키는 형벌
495	유도신문에 의한 자백	诱供	
496	유류물	遺留物	지문, 장문, 족문, 혈액, 정액, 타액 등의 신체적인 소산물
497	유류품	遺留品	범인이 소지하고 있었던 흉기, 의류, 휴지 등 범죄현장 및 그 부근에 유류한 물건
498	유예	缓刑	소송 행위를 하거나 소송 행위의 효력을 발생시키기 위하여 일정한 기간을 둠 또는 그런 기간
499	유예기간	缓刑期间	
500	유죄	有罪	
501	유출	泄露	
502	유치인	在押人员	
503	유치장	拘留所	피의자나 경범죄를 지은 사람 등을 한때 가두어 두는 곳
504	유포	**传播/散布**	
505	윤락행위	卖淫行为	불특정인에게 금전적인 이익을 약속받거나 기타 영리를 꾀할 목적으로 성행위를 하는 일
506	은닉	隐匿	
507	은폐	隐瞒	
508	음란	淫秽	
509	음란물	淫秽物品	
510	음란행위	淫秽行为	
511	음모	阴谋	2인 이상의 자가 일정한 범죄를

			실행할 것을 모의하는 것
512	음행매개	介绍卖淫	영리를 목적으로 미성년이나 상습적으로 음행을 하지 아니하는 부녀를 매개하여 간음하게 하는 것
513	의심점	疑点	
514	이송	移送	재판을 다른 법원으로 이동시키는 것
515	이중국적	双重国籍	
516	인과관계	因果关系	어떤 행위와 그 후에 발생한 사실과의 사이에 원인과 결과의 관계가 있는 일
517	인도	引渡	물건에 대한 사실상의 지배를 이전하는 일
518	인상착의	衣着打扮	
519	인신매매	人口贩卖	
520	인신매매범	人贩子	
521	인장	印章	
522	인적증거	人证	사람의 진술내용이 증거로 되는 것
523	인질	人质	
524	인터넷도박	网络赌博	
525	인터넷사기	网络诈骗	
526	인터폴	国际刑警组织	세계 각국의 경찰이 서로 협력하여 국제적인 형사 범죄의 예방과 해결을 위하여 만든 국제기관
527	일관된 진술	一贯(性)陈述	
528	일반예방	一般预防	범죄를 저지른 자에 대하여 특정한 형벌을 부과함으로써 일반인에게 위화감을 조성하고 이를 통해 범죄를 하지 못하도록 하

			는 것
529	일사부재리	一罪不二審	형사소송법에서 한번 판결이 난 사건에 대하여서는 다시 공소를 제기할 수 없다는 원칙
530	일정한 주거	固定住处	
531	임금체불	拖欠工资	
532	임시거주지	暂住地	
533	임의동행	自愿同行/ 自愿随同	수사 기관이 피의자나 참고인 등을 조사하기 위하여 그 당사자의 승낙을 얻어서 검찰청이나 경찰서 따위로 데리고 가는 일
534	입건	立案	수사기관이 스스로 사건을 인지한 후 수사를 개시하는 것
535	입증	证实	
536	입회	到场/在场	
537	자격상실	资格丧失	사형·무기징역 또는 무기금고를 선고받은 자에 대하여 법률로써 일정한 자격을 박탈하는 형벌 ※ 우리나라의 '자격상실'과 '자격정지'는 중국 형법의 '剥夺政治权利'와 유사하다.
538	자격정지	资格停止	법률에 의하여 일정기간 동안 일정한 자격의 전부 또는 일부를 정지시키는 형벌
539	자구행위	自救行为/ 自助行为	법정절차에 의한 청구권보전이 불가능한 경우에 그 청구권의 실행불능 또는 현저한 실행곤란을 피하기 위해 자력으로 구제하는 행위

540	자금세탁	洗钱	부정행위나 범죄행위를 통해 얻은 수입에 대해 그 불법적 원천을 은폐하기 위해 조작하는 일
541	자백	自供/坦白/供认	피고인 또는 피의자가 범죄사실 및 자기의 형사책임을 인정하는 진술
542	자살방조	帮助自杀	
543	자수	自首	범인이 수사기관에 자발적으로 자기의 범죄사실을 신고하고 그 처분을 구하는 일
544	자술서	自述书	
545	자유심증주의	自由心证主义	증거에 의하여 사실을 인정함에 있어서 증거의 증명력을 법관의 자유로운 판단에 맡기는 주의
546	자유형	自由刑	자유의 박탈을 내용으로 하는 형벌
547	자필	亲笔	
548	자필진술서	亲笔供词	
549	작량감경	酌情减刑	범죄의 정상에 참작할 만한 사유가 있을 때에 법관이 재량으로 형을 감경하는 것
550	작위	作为	일정한 적극적 행위로 나아가 법적 책임을 져야 하는 일정한 행위를 하는 경우
551	작위범	作为犯	행위자의 작위행위(적극적인 동작)로써 행하여지는 범죄 또는 그 범인
552	잔여기간	剩余时间	
553	잔인한 방법	残忍手段	
554	잔(여)형기	剩余刑期	

555	잠복	潛伏	
556	장물	贓物	절도, 강도, 사기, 횡령 따위의 재산 범죄에 의하여 불법으로 가진 타인 소유의 재물
557	장물취득	获脏	
558	재량	自由裁量	행정기관이 일정 범위 내에서 법에 구속됨이 없이 어떤 행위나 판단 등을 독자적으로 행하는 일
559	재량권	自由裁量权	
560	재범	再犯	징역의 집행이 끝나거나 집행이 면제된 날로부터 5년 이내에 다시 범죄를 저질러 유기 징역을 받게 되는 일 또는 그런 사람
561	재심	再审	확정 판결로 사건이 종결되었으나 중대한 잘못이 발견되어 소송 당사자가 다시 청구하여 재판을 함 또는 그 재판
562	재심결정	再审判决	
563	재심의	复议	
564	재심절차	再审程序	
565	재심청구	再审申请	
566	재판	审判	
567	재판권	审判权	
568	재판장	审判长	
569	저작권	版权	인간의 사상 또는 감정을 표현한 창작물인 저작물에 대한 배타적·독점적 권리
570	적용범위	适用范围	
571	전과	前科/案底/	범죄를 범하여 재판에 의하여

		犯罪记录	확정된 형벌의 전력
572	전과자	有前科的人	
573	절도	盗窃	
574	점유이탈물	占有脱离物	
575	점유이탈물횡령	侵占脱离占有物	유실물·표류물·매장물 또는 타인의 점유를 이탈한 재물을 횡령하는 것
576	접견	会见	
577	정당방위	正当防卫	자기 또는 타인의 법익에 대한 현재의 부당한 침해를 방위하기 위한 행위
578	정당행위	正当行为	법 공동체 내에서 지배적인 법 확신이나 사회 윤리에 비추어 일반적으로 승인된 가치 있는 행위
579	정신감정	精神鉴定	
580	정신적 손해배상	精神损失费/ 精神损害赔偿	
581	정신질환	精神(疾)病	
582	정액	精液	
583	정황증거	情况证据/ 间接证据	간접 증거(주요 사실의 증명에 간접적으로 이용하는 증거)
584	제보	举报/报案	
585	제보자	举报人/报案人	
586	제압	制服	
587	제척	回避	공정한 재판이 이루어질 수 있도록 특정한 사건의 당사자 또는 사건의 내용과 특수한 관계를 가진 법관 등을 그 직무의 집행에서 배제하는 것
588	제출	提交	
589	조사실	审讯室/讯问室	피의자 등에게 죄나 잘못을 따

			져 묻거나 심문하는 방
590	조서말미	笔录末尾	
591	조직범죄	集团犯罪	
592	조회	查询	
593	족적	足迹	
594	존속살해	杀害尊亲属	
595	종결	终结	
596	종범	从犯	타인의 범죄를 방조하는 범죄 또는 범인(＝방조범)
597	죄명	罪名	
598	죄수	罪数	범죄의 개수
599	죄수(罪囚)	囚犯	죄를 지어 교도소에 수감된 사람
600	죄증	罪证	
601	죄질경미	犯罪性质轻微	
602	죄질불량	犯罪性质恶劣	
603	죄형법정주의	罪行法定原则	범죄와 형벌을 미리 법률로써 규정하여야 한다는 근대형법상의 기본원칙
604	주거부정	无固定住处	
605	주거수색	搜查住宅	
606	주거침입	侵入住宅	
607	주관적 추측	主观推测	
608	주문	主文	판결의 결론부분으로서 청구의 취지에 대응하는 것
609	주민등록번호	身份证号码	
610	주범	主犯	2인 이상이 공동으로 범행을 한 공범자 중, 그 범행의 주도적 지위에 있는 자 또는 주도적으로 범죄실행행위를 한 자
611	주취소란	醉酒肇事	

612	주형	主刑	독립하여 과(科)할 수 있는 형벌
613	준현행범	准現行犯	현행범은 아니지만 형사소송법에 의해 현행범으로 간주되는 사람
614	중과실	严重过失	주의의무의 위반이 현저한 과실, 즉 극히 근소한 주의만 하였더라도 결과발생을 예견할 수 있었음에도 불구하고 부주의로 이를 예견하지 못한 경우
615	중상해	严重伤害	
616	중지미수	犯罪中止	범죄의 실행에 착수한 자가 범죄 완성 전에 자기 의사로써 행위를 중지하거나, 결과의 발생을 방지하는 경우(＝중지범)
617	즉결심판	即決審判	경범죄 따위에 대하여 지방 법원 판사가 경찰서장의 청구에 의하여 공판 절차에 의하지 아니하고 간단한 절차로 행하는 재판
618	즉결심판절차	即決審判程序	
619	증거	证据	법원이 재판의 기초가 될 사실을 인정하기 위하여 필요로 하는 재료
620	증거가 충분하다	证据充分	
621	증거가 확실하다	证据确凿	
622	증거능력	证据能力	증거가 엄격한 증명의 자료로 이용될 수 있는 법률상의 자격

623	증거목록	证据目录	
624	증거보전	证据保全	미리 증거를 보전하지 아니하면 그 증거를 사용하기 곤란한 사정이 있는 때 압수, 수색, 검증, 증인신문 또는 감정을 청구하는 것
625	증거보존	证据保存	
626	증거부족/ 증거불충분	证据不足	
627	증거분석	证据分析	
628	증거서류	证据资料	
629	증거수집	取证	
630	증거신청	证据申请	
631	증거인멸	销毁证据	
632	증거재판주의	证据裁判主义/ 证据裁判原则	소송법상 재판에서 사실의 인정은 반드시 증거에 의하여야 한다는 원칙
633	증거조사	证据调查	
634	증거채택	采纳证据	
635	증뢰	行贿	
636	증명력	证明力	증거가 사실의 인정에 쓸모가 있는 실질적인 가치
637	증빙서류	证明文件	
638	증언	证言	증인이 자기가 실험한 사실을 법원에 대하여 진술하는 일
639	증언거부권	拒绝作证权/ 作证豁免权	증인이 법률상 일정한 사유에 의거하여 그 증언을 거부할 수 있는 권리
640	증인	证人	법원 또는 법관에 대하여 자기의 경험에서 지득한 사실을 진

			술하는 제3자
641	증인신문	询问证人	증인의 증언을 청취하는 증거조사 절차
642	지구대	派出所	
643	지목하다	指认	
644	지문	指纹	
645	지문감식	指纹勘查	
646	지문채취	指纹采集	
647	지식재산권	知识产权	법령 또는 조약 등에 따라 인정되거나 보호되는 지식재산에 관한 권리(＝지적재산권)
648	지적장애	智能障碍/智力障碍	
649	직계친족	直系亲属	
650	직권남용	滥用职权	공무원이 직권을 남용하여 사람으로 하여금 의무 없는 일을 하게 하거나 사람의 권리 행사를 방해하는 것
651	직무상 과실	职务过失	
652	직무유기	玩忽职守	공무원이 정당한 이유 없이 그 직무수행을 거부하거나 직무를 유기하는 것
653	직무이탈	擅离职守	
654	직접정범	直接正犯	본인 스스로의 의사에 따라 스스로 실행한 범죄 또는 그 범인
655	직접증거	直接证据	증명의 대상이 되는 사실(주요사실)의 증명에 직접 사용되는 증거
656	진단서	诊断书/诊断证明	

657	진술	陈述	
658	진술녹화실	陈述录制室	
659	진술서	供词/陈述书	
660	진술을 번복하다	推翻陈述	
661	진술조서	陈述笔录	
662	질문방식	发问方式	
663	집단폭력	聚众斗殴	
664	집행	执行	
665	집행유예	缓期执行	형을 선고함에 있어서 일정한 기간 형의 집행을 유예하고 그 유예기간을 경과한 때에는 형의 선고는 효력을 잃게 되는 제도
666	징역	徒刑	일정기간 교도소 내에 구치하여 일정한 작업에 종사하게 하는 형벌
667	착수	着手	형법에서, 범죄 실행의 개시를 이르는 말
668	착오	错误	주관적 인식과 객관적 사실이 일치하지 않는 일
669	참고인	证人	범죄 수사를 위해 수사기관에서 조사를 받는 사람 중 피의자 이외의 사람 ※ 중국 형사소송법은 참고인과 증인을 구분하지 않고 모두 '证人'으로 표현한다.
670	참여인	见证人	
671	책임	责任	
672	책임성	有责性	비난가능성
673	책임조각사유	责任阻却事由	비난가능성의 여지는 있지만 특

			별한 기대불가능성을 이유로 그 책임비난을 조각하는 경우
674	처벌기준	处罚标准	
675	처벌수위	处罚幅度	
676	청소년범죄	青少年犯罪	
677	체류	停留/滞留	외국인이 주로 관광 기타의 사유로 입국하여 일정한 기간을 정하지 않고 비교적 단기간(90일 미만) 동안 국내에 머무는 일
678	체벌	体罚	
679	체포	拘留	피의자의 신체를 단기간 일정한 장소에 유치하는 강제처분
680	체포영장	拘留证	
681	체포적부심사	拘留合法性审查	수사기관의 체포가 부당하거나 체포할 필요까지는 없다고 생각되면 법원에 석방해줄 것을 요구하는 것
682	초범	初犯	
683	최후진술	最后陈述	
684	추궁	追究	
685	추징	追缴	형법상 몰수하여야 할 물건을 몰수할 수 없을 때에 몰수할 수 없는 부분에 해당하는 값의 금전을 징수하는 일
686	출국제한	限制出境	
687	출석거부	拒不到案	
688	출입국관리국	出入境管理局	
689	출입국기록	出入境记录	
690	출입국심사	边防检查/	

		出入境审查	
691	출정	出庭/到庭	
692	치료감호	监护治疗	심신장애자나 알코올 또는 마약 중독자를 치료감호시설에 수용하여 치료를 위한 조치를 행하는 보안처분
693	치안센터	治安中心	파출소로 운영되던 건물을 지역 주민의 민원상담 등 편의를 위해 운영하는 곳
694	친고죄	亲告罪	범죄의 피해자나 그 밖의 법률에서 정한 사람이 고소하여야 공소를 제기할 수 있는 범죄
695	친족	亲属	
696	친족관계	亲属关系	
697	친족상도례	亲属相盗例	친족 간의 재산범죄(강도죄, 손괴죄는 제외)에 대하여 그 형을 면제하거나 친고죄로 정한 형법상의 특례
698	컴퓨터범죄	计算机犯罪	
699	타이어 자국	轮胎印痕/轮胎痕迹	
700	테러리즘	恐怖主义	
701	테이저건	泰瑟枪/高压电击手枪	전자충격기
702	토막내다	支解	
703	토막살인	杀人分尸	
704	토지관할	地域管辖	소재지를 달리하는 동종의 법원 사이에 소송사건의 분담 관계를 정해 놓은 것
705	통고처분	行政罚款	조세, 관세, 출입국 관리, 도로

			교통 따위에 관한 범칙 사건에서 형사 소송에 대신하여 행정청이 벌금이나 과료에 상당한 금액의 납부를 명할 수 있는 행정 처분
706	통지서	通知书	
707	퇴정	退庭	
708	특(별)사(면)	特赦	특정의 범죄인에 대하여 형의 집행을 면제하거나 유죄선고의 효력을 상실시키는 대통령의 조치
709	특별예방	特殊预防/特別预防	범인에게 형벌을 부과함으로써 사회일반을 범죄로부터 예방하려는 것이 아니고, 그 범인이 다시 범죄에 빠지지 않도록 재사회화하는 것
710	특수강간	特殊强奸	흉기나 그 밖의 위험한 물건을 지닌 채 또는 2명 이상이 합동하여 강간하는 것
711	특수강도	特殊抢劫	주택·건조물·선박 따위에 침입하여 강도 행위를 하거나, 흉기를 휴대하거나 2인 이상이 합동하여 강도 행위를 하는 것
712	특수절도	特殊盗窃	야간에 문호 또는 장벽 기타 건조물의 일부를 손괴하고 주택 등에 침입하여 절도 행위를 하거나, 흉기를 휴대하거나 2인 이상이 합동하여 절도 행위를 하는 것

713	파기	撤销原判	상소 법원에서 상소 이유가 있다고 인정하여 원심 판결을 취소하는 일
714	파기자판	改判	원심판결을 파기하고 사건을 스스로 재판하는 것
715	파기환송	发回重审	원심판결을 파기한 경우에 다시 심판시키기 위하여 원심법원에 돌려보내는 것
716	파일	文件	
717	파출소	派出所	
718	판결	判决	
719	판결문	判决书	
720	판결선고	宣判	
721	판결이유	判决理由	
722	판결확정	判决确定	
723	폐정	闭庭	
724	포승줄	警绳	
725	포위	包围	
726	폭발물	爆炸物	
727	폴리스라인 (Police Line)	警戒线	
728	피고소인	被控告人	고소를 당한 사람
729	피고인	被告人	형사소송에서 검사에 의하여 형사 책임을 져야 할 자로 공소제기를 받은 사람
730	피싱 (Phishing)	网络钓鱼	금융기관 등으로부터 개인정보를 불법적으로 알아내 이를 이용하는 사기수법
731	피싱사이트	钓鱼网站/ 诈骗网站	
732	피의사실공표	擅自公布嫌疑事实	검찰 · 경찰 기타 범죄수사에 관

			한 직무를 행하는 사람이나 감독·보조하는 사람이 직무상 알게 된 피의사실을 기소 전에 공표하는 일
733	피의자	犯罪嫌疑人	범죄의 혐의가 있어서 정식으로 입건되었으나, 아직 공소 제기가 되지 아니한 사람
734	피해자	被害人	
735	피해자의 승낙	被害人(的)承诺	피해자가 자기의 법익에 대한 침해 행위를 허용·동의한 경우에는 가해자의 행위는 위법이 되지 않는다는 것
736	필적	笔迹	
737	필적감정	笔迹鉴定	
738	학교폭력	校园暴力	
739	학대	虐待	
740	합의	协议	
741	합의부	合议庭	세 사람 이상의 법관이 합의하여 재판의 내용을 결정하는 재판부
742	합의서	协议书	
743	합의제	合议制	
744	합의처리	私了	
745	항소	抗诉	형사 소송에서 제1심 판결에 대하여 불복하여 제2심 법원에 상소함 또는 그 상소 ※ 중국 형사소송법은 인민검찰원이 제1심 판결에 대하여 불복 신청하는 것을 '抗诉'라고 한다.
746	해커	黑客	개인적인 목적으로 다른 사람의

		(Hacker)	컴퓨터나 회사의 컴퓨터에 침투하여 그 안의 정보나 내용을 훔치거나 망가뜨리는 사람
747	핵심인물	骨干分子	
748	행방불명	下落不明	
749	행정처분	行政处分	
750	허위	虚假	
751	허위감정	虚假鉴定	
752	허위기재	虚假记载	
753	허위사실	虚假事实	
754	허위신고	谎报	
755	허위진술	虚假陈述	
756	허위통역	虚假翻译	
757	현장검증	现场勘查	
758	현장훼손	破坏现场	
759	현행범	现行犯	범죄를 실행하는 중이거나 실행한 직후에 잡힌 범인
760	혈연관계	血缘关系	
761	혈중 알코올농도	血液酒精浓度	
762	혈흔	血迹	
763	혐의	嫌疑	
764	혐의없음	无嫌疑	
765	협박	威胁	
766	협조	配合	
767	형기	刑期	
768	형기를 채우다	刑满	
769	형만기일	刑满日期	
770	형벌	刑罚	범죄에 대한 법효과로서 범죄자에게 과하는 법익의 박탈
771	형법	刑法	

772	형사미성년자	未成年罪犯	14세 미만이어서 형법에서의 책임 능력이 없는 것으로 간주되는 사람
773	형사보상	刑事补偿	국가 형사 사법의 잘못으로 말미암아 죄 없이 구금 또는 형 집행을 받은 사람에게 국가가 손해를 보상하는 일
774	형사소송법	刑事诉讼法	
775	형사조정	刑事调停	형사사건 당사자를 중개하고 쌍방의 주장을 절충하여 화해에 이르도록 도와주는 것
776	형사책임능력	刑事责任能力	자기 행동의 성격을 이해하고 자신을 통제할 능력이 있기 때문에 형사 책임을 질 수 있다고 법이 인정하는 개인의 지적 상태
777	형사합의	刑事和解	
778	형의 가중	从重	죄형법정주의의 원칙상 형벌이 늘어나는 것
779	형의 감경	从轻	법률의 특별규정에 의하여 형이 본형보다 가벼운 형벌에 처하는 경우
780	형의 면제	免除刑罚	유죄인 경우에 일정한 사유로 인하여 형을 부과하지 않는 일
781	호송	押解/押送	
782	화재	火灾	
783	화폐	货币	
784	화해	和解	
785	확정판결	确定判决	확정된 효력을 지니는 판결
786	회수	追回	

787	회피	回避	법관·법원서기관 등이 사건에 관하여 제척 또는 기피의 원인이 있다고 생각하여 스스로 사건의 취급을 피하는 일
788	횡령	侵占	공금이나 남의 재물을 불법으로 차지하여 가지는 것
789	휴정	休庭	
790	흉기소지	携帶凶器	
791	흔적	痕迹	

II. 사법통역사 출제예상문제[9]

한국어	中文
피의자의 이름은 무엇입니까?	嫌疑人的姓名是什么?
제 이름은 김○○입니다.	我叫金某某。
피의자의 국적은 어느 나라인가요?	嫌疑人的国籍是哪里?
저의 국적은 중국입니다.	我的国籍是中国。
현재 거주하고 있는 주소는 어디입니까?	目前住址是哪里?
현재 서울 종로구 낙원동 207번지에 거주하고 있습니다.	在首尔钟路区乐园洞207号居住。
피의자는 무슨 일로 한국에 왔는가요?	嫌疑人为什么来韩国?
산업연수생으로 한국에 왔습니다.	我以产业研修生身份来韩国。
피의자의 생년월일은 언제인가요?	嫌疑人的出生年月日是多少?
여권을 소지하고 있는가요? 소지하고 있다면 보여 주시기 바랍니다.	嫌疑人现在带护照了吗？如果有的话，请出示一下。
외국인 등록은 하셨나요? 외국인 등록증을 소지하고 있다면 보여주시기 바랍니다.	嫌疑人办好外国人登记手续了吗？如果有外国人登录证的话，请出示一下。
체류자격은 무엇인가요?	嫌疑人的居留资格是什么?
귀하는 귀하가 구속되어 있는 사실에 관하여 귀하 나라의 영사기관(대사관 또는 영사관)에 통보하여 줄 것을 바라는가요?	您是否希望把有关您被捕的事情通报给贵国领事机构(大使馆或领事馆)吗?
피의자는 한국어를 잘 하는가요?	嫌疑人韩语说得怎么样?
통역인을 입회하여 조사하기를 원하는가요?	嫌疑人是否愿意在翻译人员的参与之下进行调查?

---

9) 이 문제는 사법통역사 자격시험을 주관하는 한국자격교육협회 홈페이지(http://www.kela.or.kr)에 예시된 것이며, 중국어 통역부분은 저자가 앞의 자료를 토대로 작성한 것이다.

가족관계를 말해 보세요.	嫌疑人都有哪些家人？
지금부터 서울지방법원 형사12단독 오전 재판을 시작하겠습니다.	首尔地方法院刑事12独审的上午审判现在开庭。
피고인의 이름은 어떻게 됩니까?	被告人的姓名是什么？
피고인의 생년월일은 언제입니까?	被告人的出生年月日是多少？
피고인의 한국 내 주소는 어디입니까?	被告人韩国境内的住址是哪里？
피고인의 국적은 어디입니까?	被告人的的国籍是哪里？
피고인은 이 재판 진행 중에 진술을 하지 아니하거나 개개의 질문에 대하여 진술을 거부할 수 있고, 피고인에게 유리한 사실에 대하여 말할 수 있습니다. 또 피고인이 이 법정에서 하는 진술은 유죄의 증거로 사용될 수 있습니다.	被告人在此审判过程中可以拒不陈述，或对各个提问拒不回答，还可以陈述有利于被告人的事实。另外，被告人在此法庭上所作的陈述可用于有罪的证据。
피고인은 검찰에서 진술할 당시 고문을 당하거나 강압에 의하여 거짓으로 진술하였는가요?	被告人在检察机关作陈述时是否遭到刑讯逼供或被强迫作出虚假陈述？
피고인은 검찰에서 사실대로 진술하고, 피고인이 진술한 대로 조서에 기재되었음을 확인한 후 서명하였나요?	被告人在检察机关如实陈述，并经确认被告人的陈述和笔录内容一致之后签名的吗？
피고인, 공소장을 받아보셨지요? 피고인 측은 공소사실에 대한 의견을 밝혀주시기 바랍니다.(또는 "피고인은 공소사실을 인정하나요?")	被告人，接到起诉书了吗？ 被告人方请对公诉事实提出意见。（或者"被告人，您是否承认公诉事实？"）
증거조사를 시작하겠습니다. 먼저 검찰 측은 증거를 신청하시기 바랍니다.	现在开始进行证据调查。首先，请检方申请证据。
피고인 측은 검찰이 신청한 증거들에 대해 사전에 검토해보셨지요? 검찰 측 증거에 대한 의견을 말씀하여 주시기 바랍니다.	被告人方是否提前审阅了检方申请的证据？ 检方请对证据提出意见。
피고인이 검사가 제출한 박○○에	如果被告人同意检方提交的对朴

대한 진술조서, 실황조사서, 검증조서를 증거로 사용하는 것에 동의하면 그 증거서류를 공소사실의 판단을 위하여 증거로 사용하게 됩니다. 만일 동의하지 않으면 대개 검사가 그 진술조서의 원래 진술자를 증인으로 신청하고 법정에서 증인의 진술을 듣게 됩니다. 피고인은 검찰 측에서 제출한 참고인10)들의 진술조서를 증거로 하는데 동의하는가요? 또는 참고인들을 이 법정에 증인으로 소환하여 신문하기를 원하는가요?	某某的陈述笔录、勘验笔录、鉴定笔录采纳作证据，则该证据文件将被作为判断案件事实的证据。如果被告人不同意，则一般情况下由检方请求陈述笔录中的原陈述人出庭作证，并在法庭上听取证人的陈述。 被告人是否同意将检方提交的相关证人的陈述笔录作为证据？ 或者是否同意将这些相关证人传唤到庭进行讯问？
검찰 측, 신문하시기 바랍니다.	检方，请做询问。
피고인 측, 반대신문하시기 바랍니다.	被告人方，请做交叉询问。
피고인은 재판부에 대하여 마지막으로 할 말이 있으면 하시기 바랍니다.	最后，被告人对审判部还有什么话要说的吗?
전에 고지한 바와 같이 피고인은 일체 진술을 하지 않거나 각각의 질문에 대하여 진술을 거부할 수 있고, 피고인에게 유리한 사실을 진술할 수 있습니다.	正如之前告知，被告人可以拒绝作出一切陈述，或对个别提问拒不回答，也可以陈述有利于被告人的事实。
피고인을 징역 1년 및 벌금 1,500,000원에 처한다.	判处被告人有期徒刑1年及罚金150万韩元。

---

10) 우리나라는 수사기관에서 사건과 관계되는 사실을 진술하는 피의자 이외의 사람을 '참고인', 법원에서 공소사실과 관련되는 사실을 진술하는 사람을 '증인'이라고 한다. 참고인은 수사기관에 허위진술을 하더라도 위증죄를 구성하지 않고, 과태료의 부과나 구인의 제재를 가할 수 없다. 이에 반해, 중국은 참고인과 증인을 구분하지 않고 모든 형사절차에서 '证人'이라고 부른다. 또한 법원뿐만 아니라 공안이나 검찰이 증인을 신문할 경우에도 증인이 허위진술을 하면 위증죄(중국 형법 제305조)를 구성한다.

Ⅲ. 주한 중국 공관 연락처

주한 중국대사관 영사부	주소	서울특별시 중구 퇴계로18길 103
	일반전화	02-756-7300, 02-755-0453, 02-755-0456
	긴급전화	010-9724-9110(영사보호)
	관할지역	서울, 인천, 대전, 세종, 경기, 강원, 충남, 충북
주부산 중국총영사관	주소	부산광역시 해운대구 해변로47
	전화번호	051-743-7989, 051-743-7990
	긴급전화	010-8519-8748(영사보호)
	관할지역	부산, 대구, 울산, 경남, 경북
주광주 중국총영사관	주소	광주광역시 남구 대남대로 413
	전화번호	062-385-8872, 062-352-8859
	긴급전화	010-2351-2110(영사보호)
	관할지역	광주, 전남, 전북
주제주 중국총영사관	주소	제주특별자치도 제주시 청사로1길 10
	전화번호	064-749-8810
	긴급전화	010-6576-8838(영사보호)
	관할지역	제주

IV. 각종 서식

1. 피의자신문조서

피 의 자 신 문 조 서
피 의 자 :
위의 사람에 대한 (죄명) 피의사건에 관하여 0000장0000.00.00 (조사장소)에서 사법경찰관 (계급) (성명)은 사법경찰리 ○○ ○○○을 참여하게 하고, 아래와 같이 피의자임에 틀림없음을 확인한다.

문: 피의자의 성명, 주민등록번호, 직업, 주거, 등록기준지 등을 말하십시오.

답: 성명은   (한자)

    주민등록번호는

    직업은

    주거는

    등록기준지는

    직장주소는

    연락처는 자택전화   휴대전화

              직장전화   전자우편(e-mail)

    입니다.

사법경찰관은 피의사건의 요지를 설명하고 사법경찰관의 신문에 대하여 형사소송법 제244조의3의 규정에 의하여 진술을 거부할 수 있는 권리 및 변호인의 참여 등 조력을 받을 권리가 있음을 피의자에게 알려주고 이를 행사할 것인지 그 의사를 확인한다.

진술거부권 및 변호인 조력권 고지 등 확인

1. 귀하는 일체의 진술을 하지 아니하거나 개개의 질문에 대하여 진술을 하지 아니할 수 있습니다.
1. 귀하가 진술을 하지 아니하더라도 불이익을 받지 아니합니다.
1. 귀하가 진술을 거부할 권리를 포기하고 행한 진술은 법정에서 유죄의 증거로 사용될 수 있습니다.
1. 귀하가 신문을 받을 때에는 변호인을 참여하게 하는 등 변호인의 조력을 받을 수 있습니다.

문 : 피의자는 위와 같은 권리들이 있음을 고지받았는가요
답 :
문 : 피의자는 진술거부권을 행사할 것인가요
답 :
문 : 피의자는 변호인의 조력을 받을 권리를 행사할 것인가요
답 :

이에 사법경찰관은 피의사실에 관하여 다음과 같이 피의자를 신문하다.

2. 통역조서 말미

위의 조서를 통역인을 통하여 진술자에게 열람하게 하였던 바(읽어준 바) 진술한 대로 오기나 증감·변경할 것이 전혀 없다고 말하므로 통역인과 같이 간인한 후 서명(기명날인)하게 하다.

통 역 인   (인)

진 술 자   (인)

· · ·

사법경찰관 ○ ○ ○ ○ ○ (인)
사법경찰리 ○ ○ ○ ○ ○ (인)

3. 체포구속 영사기관 통보서(중국인)

소속관서
(OOOOO Police station)

전화(Telephone) :

팩스(Fax) :

제 0000-000000 호

수신(To) :   0000.00.00.

제 목(Subject) : 중국 국적인 체포(구속) 통보

(Arrest(Detention) Notification)

1. 피의자(Personal details of the arrested)

성 명(Name) :

생년월일(Date of Birth) :

여권번호(Passport No.) :

국적(Nationality) :

2. 체포일시 및 장소 (Date & Place of arrest)

체포일시 :

체포장소 :

3. 사건개요(Details of the case)

4. 경찰 조치(Actions taken by the police)

例 : △현행범 체포하여 피의자신문 후 석방 △체포영장 체포, 추후 구속영장 신청예정 등

5. 신분확인 방식(Method of Identification)

例 : △소지중인 여권으로 확인 △소지중인 외국인등록증으로 확인 등

6. 강제행동의 이유(Reasons for compulsory actions)

例 : △체포영장에 의한 체포 △○○혐의로 현행범 체포 △○○혐의로 체포영장을 발부받을 시간적 여유가 없고 도주우려 및 증거인멸 우려 있어 긴급체포 등 체포·구속에 이르게 된 이유 명시

7. 접촉 가능 장소(Place of detention)

例 : △경찰서 유치장 등

사법경찰관(Officer in charge) 계급   성명

---

4. 한중 영사협정에 따른 권리통지

한 - 중 영사협정에 따른 권리 통지
(有关韩 · 中领事协定的权利通知)

2015. 4. 12. 발효된 한 - 중 영사협정에 따라, 대한민국은 체포·구속된 귀하에 대하여 귀하의 요구 여하를 불문하고 지체 없이 또는 체포·구속일로부터 4일 이내 귀국 영사기관에 귀하의 성명과 체포·구속 일시 및 장소, 이유, 귀하와의 접촉을 위한 정확한 구금장소 등을 통보하게 됩니다. 다만 귀하가 출입국관리 법령 위반으로 구속되는 경우에는 귀하의 명시적 서면 반대의사에 의하여 귀국 영사기관에 귀하의 성명 등이 통보되지 않게 할 수 있습니다.

根据2015年4月12日生效的韩·中领事协定，对逮捕·拘留的犯罪嫌疑人，大韩民国将不论您要求与否，从您被逮捕·拘留之日起4日内向贵国领事机构通报您的姓名，被逮捕·拘留的时间，场所，理由，以及您准确的被拘禁场所，以便贵国领事机构与您接触。但当您因违反出入境管理法令被拘留时，如您以明确的书面形式提出拒绝，可以不将您的姓名等信息向贵国领事机构通报。

귀국의 영사관원은 체포·구속된 귀하와 접견, 면담, 의사소통을 하고, 귀하에게 법적 지원을 주선할 수 있습니다. 또한 귀국의 영사관원이 체포·구속된 귀하와의 접견을 요청하는 경우, 대한민국은 지체 없이 또는 요청일로부터 최소 4일 이내 귀하와 영사관원의 접견을 주선하게 됩니다. 다만 귀하는 귀국의 영사관원과의 접견 등을 서면으로 반대하여 위 영사관원과의 접견 등을 하지 않을 수 있습니다.

贵国领事官员可以对被逮捕·拘留的您进行探视·面谈·沟通及提供法律援助。当贵国领事官员要求对被逮捕·拘留的您进行探视时，大韩民国将从要求提出之4日之内安排您与领事官员会面。但如您以书面形式提出拒绝时，您可以不与领事官员进行接触。

귀하는 귀국의 영사기관과 귀하 간의 모든 서신을 지체 없이 전달 받을 수 있습니다.

您与贵国领事机构间的所有书信可以即时转送转达。

귀국의 영사관원은 형을 살고 있는 귀하를 접견할 수 있습니다.

贵国领事官员可以对服刑中的您进行探视。

확 인 서(确 认 书)

저는 ○○경찰서 경○ ○○○으로부터 한 – 중 영사협정에 따른 위
와 같은 권리를 통지받았음을 확인합니다.

本人确认从○○警察署警○○○○，根据韩·中领事协定得到了上
述权利通知。

(1) 통지일시(通知日期) : 0000.00.00. 00:00

(2) 통지장소(通知场所) :

20 . . .

　　확인자 서명(确认人 姓名) :　　　　　　　　　　　　印

　　통역인 서명(翻 译 姓名) :　　　　　　　　　　　　印

참고문헌

경찰청, 『2016 경찰백서』.

경찰청, 『외국인범죄 수사 길라잡이』, 2017. 8.

경찰청, 『피의자신문조서 작성기법』, 2016. 6.

경찰청, 『통·번역을 위한 외국어 경찰용어집(중국어)』, 2013. 1.

대법원, 『2016 사법연감』.

대법원 사법정책연구원, 『국민과 함께하는 모의재판 실시 방안에 관한 연구』, 2015.

법무부, 『2016 출입국·외국인정책 통계연보』.

손동권·신이철, 『새로운 형사소송법』(제2판), 세창출판사, 2014.

신동운, 『신형사소송법』(제5판), 법문사, 2014.

이재상·조균석, 『형사소송법』(제10판), 박영사, 2015.

정철, 『중국의 사법제도』, 경인문화사, 2009.

陈光中, 『刑事诉讼法』(第五版), 北京大学出版社·高等教育出版社, 2013.

樊崇义, 『刑事诉讼法学』(第三版), 法律出版社, 2013.

张玉镶, 『刑事侦查学』, 北京大学出版社, 2014.

저자약력

박지성(daedong007@naver.com)
경찰대학 법학과 졸업
중국해양대학 법학원 졸업(법학석사)
동아대학교 일반대학원 법학과 졸업(법학박사)
중앙공무원교육원 중국어심화과정 수료
관광통역안내사(중국어), FLEX(중국어) 1A등급 취득
부산지방경찰청 통역요원, BBB코리아 통역봉사자
경찰서 형사반장, 조사반장, 여성청소년과장 등 역임
(현) 부산지방경찰청 112종합상황실 상황팀장

연구실적
"중국 형사법상 경제범죄 사형폐지 방안에 대한 고찰", 중국법연구 제23집, 한중법학회, 2015. 6.
"중국 수사절차상 진술거부권에 관한 고찰", 중국법연구 제26집, 한중법학회, 2016. 5.
"중국 검경관계가 한국 수사권 조정에 주는 시사점", 경찰학연구 제17권 제3호, 경찰대학, 2017. 9.
"중국 수사절차상 피의자권리의 문제점과 개선방안", 동아법학 제79호, 동아대학교 법학연구소, 2018. 5.
"중국 형사절차상 예심제도와 그 시사점에 관한 연구", 경찰학연구 제18권 제2호, 경찰대학, 2018. 6.
"중국식 플리바게닝 제도에 관한 연구", 법학논총 제25집 제2호, 조선대학교 법학연구원, 2018. 8.
"중국 경찰의 총기사용 규정에 관한 연구", 치안정책연구 제32권 제2호, 경찰대학 치안정책연구소, 2018. 10.

중국어 사법통역 이론과 사례

초판발행   2019년 2월 20일
중판발행   2022년 9월 10일

지은이   박지성
펴낸이   안종만·안상준

편 집   윤혜경
기획/마케팅   이영조
표지디자인   박은정
제 작   고철민·조영환

펴낸곳   (주) **박영사**
                서울특별시 금천구 가산디지털2로 53, 210호(가산동, 한라시그마밸리)
                등록 1959. 3. 11. 제300-1959-1호(倫)

전 화   02)733-6771
f a x   02)736-4818
e-mail   pys@pybook.co.kr
homepage   www.pybook.co.kr
ISBN   979-11-303-3343-4   93360

정 가   12,000원